城里的房子

读懂中国房产财富的逻辑

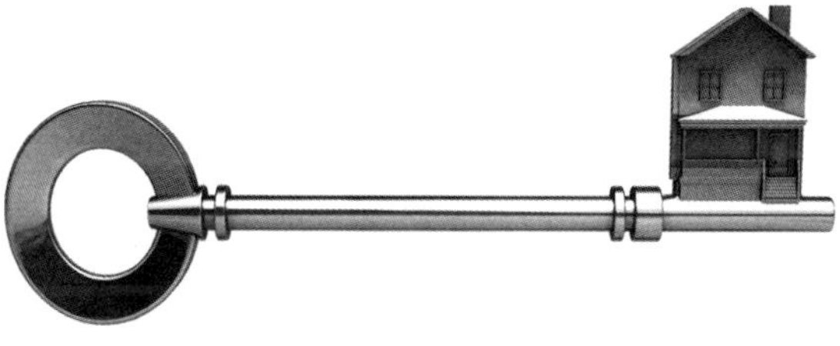

徐远 著

中信出版集团 · 北京

图书在版编目（CIP）数据

城里的房子：读懂中国房产财富的逻辑 / 徐远著
. -- 北京：中信出版社，2018.12（2021.10重印）
ISBN 978-7-5086-9497-9

I. ①城… II. ①徐… III. ①房地产经济－研究－中国 IV. ① F299.233

中国版本图书馆 CIP 数据核字（2018）第 217243 号

城里的房子——读懂中国房产财富的逻辑

著　　者：徐　远
出版发行：中信出版集团股份有限公司
（北京市朝阳区惠新东街甲 4 号富盛大厦 2 座　邮编　100029）
承 印 者：北京诚信伟业印刷有限公司

开　　本：880mm×1230mm　1/32　　印　　张：9.5　　字　　数：190 千字
版　　次：2018 年 12 月第 1 版　　印　　次：2021 年 10 月第10次印刷
书　　号：ISBN 978–7–5086–9497–9
定　　价：68.00 元

目 录

第三篇
对标国际发达城市，拨开中国房价迷雾

第四篇
房价的经济学透视

第五篇
房市问答

自序

城里的房子

城里的房子，和月光一样珍贵。

——徐远

因为买房，所以看了下地产

因为厌倦了加拿大冰冷的天气，2009 年我回北大任教。刚回国的时候，里里外外地瞎忙活，也没买个房子。到了要结婚的时候，还是没房子。好在太太心宽，也不介意，只是抱怨结婚照照得不够美。

结了婚，慢慢明白以前的学问大多是白做了。柴米油盐酱醋茶，照顾好家人，才是最大的学问。书生清谈，误人误己。

买房子的时候，太太让我做点功课，看看房价的趋势，以及在哪里买房合适。这倒也不难，因为以前在城市化问题上下过点功夫。房子的价值，无非就是城市的价值。

仔细一看，房子的问题比想象的还要简单。

从纵向来看，这些年来城市房价的上涨，无非就是经济增长和城市化的结果，完全符合经济规律，并无奇怪之处。从横向来看，中国的房价和国际同类城市的房价相比，还有很大的差距，谈不上泡沫。从投资收益率的角度看，房产依然是稳健可靠的投资对象。加上居住的刚需，房子附加的各种功能，公共资源的高度聚集等，买房的合理性毋庸置疑。

一天晚上，我在楼下站桩，抬头居然看到了月光。在雾霾重重的北京，加上大家繁忙而无暇，月光是极少见到的。那一刻我蓦然意识到，城里的房子，和月光一样珍贵，哪有不买的道理？

剩下的问题，就是在哪里买了。因为我们在北京工作，首套房肯定是选在北京。至于地段，其实根本没得挑。北京大学地处北京西北角的海淀区，这里的新房子很少，且往往一开盘就被买光，能排上号就算不错了。至于房屋质量，不要太挑剔，因为北京的房屋质量都很一般，大开发商的房子还稍微好一点。当时我们恰好碰上一个万科的楼盘，就买了。

买房之后，也就没再关心这事。从学术的角度来看，中国的房价实在没有研究的必要，一切都过于简单明了——城市居民要改善住房条件，农村居民要进城；中小城市的居民要往大城市迁移；另外还有很多人要买多套房，买改善房。房价哪有不涨的道理。

约束条件下的“极度”理性

2015 年，大城市的房价开始猛涨。涨价风从深圳开始，向其他城市蔓延，引起了新一轮对房地产价格的“全民热议”。据说，神州上下，没有哪个饭局不讨论房子的问题。

从趋势上讲，这完全符合我们事先对房价趋势的判断。从周期上讲，这无非就是前两年的悲观情绪开始消退，股市、债市的投资机会开始减少，资金重新开始转向房产。所以，这一轮房价的上涨，并没有什么奇怪的地方，依然没有什么研究的必要。

但是，房地产问题的社会关注度很大，很多人认为中国房价有泡沫，对此，北大国发院也要开个小会讨论下。黄益平老师问我可不可以发个言，我自然从命。稍微做了点功课，找点数据画了几张图，我简单说了基本观点：房价上涨有坚实的基本面支撑，中国的房价高度理性，谈不上泡沫。

当时我用了“约束条件下的极度理性”来表达观点。“极度”这个词显得有点过头，多少有点“语不惊人死不休”的味道，但当时我仔细看了数据，这个论断确实有足够的证据。

首先，房产的投资收益率明显高于长期债券。考虑到经济还会继续增长，以及房产的抗通胀功能，房产的投资收益率比长期债券的投资收益率不是高了一点点，而是高出很多。单凭这一点，就足以说明房价没有泡沫。

其次，探究了不同城市之间的房价差异是否合理，发现简单的供求关系就几乎完全解释了大中城市的房价差异。当时用了简单的回归分析，被解释变量是35个大中城市的房价，解释变量则包括城市规模、职工平均工资、服务业占比、流动人口占比、人均住宅销售面积及人均住宅供地面积等，最终发现这些简单的经济变量，就可以解释 75% 关于房价差异的原因。

考虑到数据中的各种“噪声”，这么高的解释力大大超出了我的预期。说实在的，在担心数据质量的情况下，我觉得 40%~50% 的解释力就不错了。换句话说，我愿意把 50% 的解释力当作 100%，剩下的 50% 归结为“噪声”。这样看的话，城市间的房价差异，已经完全被解释了，剩下的，可以归结为各种各样的误差和遗漏。“约束条件下的极度理性”中的“极度”一词，就是看到这个结果之后想到的。

再次，结合国际上的房地产经验及房价轨迹，我发现中国的房价上涨在全球范围内毫无特殊之处。很多国家在经济快速增长的过程中，都经历过房价的快速上涨，发达国家和发展中国家都不例外。例如，从“二战”结束到 2016 年的 70 多年里，14 个发达国家的房价年均上涨 6.6% 左右。这是个很快的增速，直接导致房价累计上涨 90 多倍，扣除物价因素作用外，上涨幅度仍有 4 倍多。

考虑到发达国家城市化水平在战前已经很高，房价增长主要是经济增长所致，里面没有太多城市化的贡献，这样的增速就更加令人惊讶。而当下的中国还在进行大规模的城市化，以及还需要进一步的城市化，房价上涨增速就更加可以理解。

基于上述三个考虑，我国的城市房价是极为理性的，谈不上泡沫。综合计算的话，房价还有很大的上涨空间。所以，我当初才用了“约束条件下的极度理性”这样的表述。

“约束条件下”是什么？

刚才说的是房价“理性”的部分，那么“约束条件下”这个前缀是什么意思？这个前缀，并不是随便加的，而是考虑到一些现实中讨论的情况很难改变，如房产税，再如土地供应。

第一，房产税出台会很慢，即使出台了也会有很多的减免条款。从2003年提出到现在，房产税依然处在立法讨论的阶段，这是有深刻原因的。现实中，大量的房子是非商品房，带有福利房的性质，如很多单位的房改房、集资房，对这些房子征税的阻力会很大。例如，很多人退休了，或者快要退休了，其房子是单位集资房，位置很好，价值很高，但是现金收入来源只有养老金，你让这些人怎么交房产税？难道真要把这些人赶走？现实阻力之大，想都不敢想。

所以，如果真要出台房产税，征收的对象只能是商品房的购房人。而恰恰是这些人，在购房时已经交过了一次巨额的土地出让金，再让其交一次房产税，于情于理都有点说不过去。可以想见，如果政策一定要出，一定会像上海或者重庆的试点那样，增加大规模的税收减免，如人均40平方米以内免征房产税，照顾大多数人的基本利益。这样一来，征税的力度就大幅降低了，对平抑房价的作用也会很小。

从事实来看，上海和重庆于2011年开始的房产税试点，对抑制房价的作用很小，几乎可以忽略不计。而在国际上，韩国在

2005年加重了房产税（综合不动产税），但是之后的房价依然是上涨的。所以，对于房产税抑制房价的作用，不可过于高估。当然，房产税固然可以增加房产的持有成本，抑制房价，但经济增长和人口聚集还会带来房价上涨的压力。最后的房价变化，还是要看哪一方的力量更强。因此，并不是房产税一出，房价就会崩盘。你看很多发达国家都有房产税，房价照样不改长期上涨的趋势。而且房产税涉及整个税制体系，乃至整个社会治理结构的改变，真的要征，必然要做很多的调整。

第二，大幅度增加城市住宅土地供应，难度非常大。

很多人认为，城市房价高，是供地不足导致的。这个观点乍看有道理，但是背后的细节需要推敲，至少有三点需要注意。

首先，中小城市的供地量一直不是问题，可房价还是涨了很多，这说明对于供地少的批评，最多可以用在大城市。你看小县城的核心区，房价上涨也是很厉害的，这说明决定房价的不是供地，而是位置。在远郊区增加一块地，对降低房价几乎毫无作用，无非是增加了通勤的成本，长期来看是低效的，而在市中心增加一块地，才能增加房屋的有效供给。然而，问题恰恰在于，增加市中心的土地供应是很难的。

其次，城市越大，增加供地的难度也越大。细心观察过的人都知道，城市土地的利用效率，可以大幅提高。但问题在于，操作的难度很大。我自己在深圳专门做过调研，前后在那待了两个月以上，此后也在北京开车钻过很多胡同，知道大规模的城中村改造空间很大。问题是，这些改造谈何容易？拆迁补偿的成本越来越高，高到改造的动力越来越小。加上交通、消防、供水、供电、环卫及绿化等各方面的协调和管理成本，在核心区域增加住宅供应会非常难、非常慢。这就意味着，目前要把核心区的住宅供应当作基本给定的常数。同时，考虑到房子位置的不可替代性，这几乎意味着好地段的房子数量就是给定的，价格是一定会上涨的。

第三，批评土地出让金的说法其实没有意义。土地价格是房子价格拉动的，而不是相反。土地出让金这么高，开发商还是愿意买，无非是因为房价更高，覆盖地价之后还有很多的利润。认为土地价格推高了房子价格，是对价格形成机制的误读。关于这一点，我在后文中，有更详细的阐述。

进一步来讲，在目前的财政税收体系下，土地出让金有其历史的合理性。土地出让是一种基础设施融资模式，没有土地出让制度，筹集那么多的建设资金，谈何容易。一个与此相关的问题是工业用地，特别是工业用地低价的“扭曲”问题。很多人认为，工业用地地价太低，占比过大，是城市房价高的一个重要原因。这种看法本身没有错，可是这种情况很难改变。究其原因，这是和我国的财政税收体系，乃至工业发展模式联系在一起的。工业用地地价低，其实是为了招商引资，用未来的税收这一长久收入替代一次性的地价收入，是一种短期和长期之间的取舍。所以，想要改变这个体系，就要同时改变经济增长方式和财政税收体制。

我知道这很难。想明白了这一点，我就不再随便对土地制度问题发声了。有一句话叫作“改革进入深水区”，说的是现在各方面问题盘根错节，看似简单的问题，却是牵一发而动全身。不全面掌握信息，不做系统研究，不做沙盘推演，往往是“下笔千言，离题万里”。

不谋万世者，不足谋一时；不谋全局者，不足谋一域。中国的事情，向来如此。

房地产分化元年

2016年的时候，我还注意到一个新情况：我国房价结束了同涨同落的时代，大、中、小城市的房价开始分化。这一看似很小的变化，却包含着丰富的信息。

从1998年开始住房商品化改革，一直到2013年，我国大、中、小城市的房价增速差不多，呈现出“同涨同落”的局面。换句话说，之前买房子，不用挑城市，哪里的房价都会涨。2013年之后，情况就不再是这样，房价格局改为“大城市大涨，中城市中涨，小城市基本不涨”。到2016年“十一”黄金周以后，政府出台了史上最严厉的调控政策，大中城市房价涨幅被严厉控制，有区位价值的小城市的房价才开始补涨，但是幅度依然非常有限。所以，2013年被称为“房地产分化元年”。

这一分化背后的含义，不可低估。房价是城市发展潜力的集中体现，是万千居民用自己的钞票在投票。从以前的同涨同落，到现在的大、中、小城市房地产的分化，说明人口流动的方式已经变化。从数据上看，2013 年以前，大、中、小城市都有人口流入，而 2013 年以后只有大城市还有显著的人口流入。人口流动的背后，是就业机会。这说明经济增长的模式已经发生变化，大中城市成为经济增长的主发动机，城市化已经代替工业化，成为经济增长的基本驱动力。

从数据上看，实际出现了经济增速的“三个反超”：大城市反超中、小城市，服务型城市反超工业型城市，消费主导型城市反超投资主导型城市。这三个反超说明，工业主导的时代已经过去，城市主导的时代已经到来。这一点，在 2016 年已经清楚。

2013 年这个关键节点的出现，其实是和经济政策密切相关。新一届政府上台以后，减缓了刺激力度，经济增速相应地持续下行。“潮水退去，水落石出”，靠刺激作用的经济增长下去了，不靠刺激作用的经济增长就会显现出来。大城市里的服务业、消费行业，在经济下行中也稳健增长，成为经济增长的稳定器。

看清了这一点，结合对经济发展和城市化的研究，个人判断大城市的房价还有很大的空间。

城市的车票

参与的讨论多了，才知道关于房价的观点，差异真的很大。

认为中国房地产存在泡沫的不在少数，确切地说应该是多数，而素未谋面的任志强先生，一直看多房地产，可能是与我观点最为接近的人。

不过，我向来不愿与人争论，慢慢也就淡出了讨论。对我来说，这个问题早已清楚了，只是身边的学生和朋友，知道我不乱说话，还是会问我对房价问题的看法。

陈戴西是唐涯的学生，聪明伶俐。2016年她在纽约大学访问，2017年年初从美国回来，开口问的就是买房问题。我的回答很简单："如果我去年看多房价，今年看空房价，我还有信用吗？你还需要问我吗？"

戴西接着问应该在哪里买。当时戴西博士还没有毕业，没有北京户口，一线和核心二线城市大多严格限购，我就建议她去中山或者东莞买。珠三角这个区域的发展潜力很大，从长期看，增长潜力不可限量；从大面上看，在这里买房是不会错的。我自己也一直想去珠三角买个房子，只是执行力太差，这两年事情又多，就一直拖着。

当时我打了个比方：中国经济就像快速前进的列车，一个个大中城市就像是一节节车厢，买房就像是买票上车，买不起豪华卧铺，不妨先买张站票，免得被列车抛下。

这个比方背后，是对中国经济一个相对乐观的判断。尽管中国经济从2010年已经开始减速，但现在的经济增速依然是很快的。对中国这样的大国而言，保持3%以上的增速就已经很快了，何况现在还在 6% 以上。加上地域之间的不平等，人口从农村、小城镇向城市特别是大中城市转移，再加上过去 20 多年积累的技术储备，中国经济发展的潜力还是很大的。

“上车”这个比方，还针对买房时的一个误区：买房子这么大的事情，要避免折腾，要力争一步到位。这个想法固然美好，但是对于很多年轻人来说不现实，容易错失良机。买不起心仪的大房子，不妨买一个小一点、便宜一点的，否则会越来越买不起。先上车，才能与城市发展的列车一起前进。

你眼中的未来

虽然争议很多，但是房子的问题真的很简单，简单到几乎不可能错。古希腊有句话，叫作“唯有简单，才有可能正确”。我是把事情弄到极简了，才敢讲这句话的。总结起来，无非两句话。

第一句：中国城市的房价增长，真的没有超出常识的部分。人们之所以对房价有那么多误解和抱怨，更多是不适应房价过快的增速。政府对房价的调控，也更多是从增速的角度，而不是从房价水平的角度。

第二句：房价增速快，是有简单而坚实的经济学基础的。资产价格是对未来收入的提前反映，而这个反映的速度远快于收入的增长速度，也快于人们意识的调整速度。当更多的人慢慢明白这一点时，对于房价的争论也就会慢慢平息。这世界不曾为任何人而改变，我们能做的就是尽快看清形势，适应形势。

说完了简单的部分，接下来说一点稍微复杂的。房产价格，和所有资产价格一样，是对未来资产能够带来的收入流的反映。对于这个收入流的判断，是有点难度的，它需要一个靠谱的分析框架，以及对现实情况的准确把握。看多还是看空，取决于你眼中的未来。

倘若你对中国的前景乐观，就该买；反之，就不该买。房子的事情，就这么简单。

现实中的很多分歧，其实是来自对未来的判断。我自己的理解是，尽管我们的经济发展和社会变迁中存在很多问题，但中国经济的大河，依然会蜿蜒前行。目前，中国经济已经基本完成了初步的工业化，又恰逢信息技术的基本成熟和落地应用，技术进步的步伐不可阻挡。而同时，中国已经形成的大市场和依然存在的巨大潜在市场，是技术进步的温床。这一点，决定着未来中国和世界的基本格局。

我们学习历史，是为了知道历史没有常形。

是为序。

徐远

2018年4月28日

第一篇

房产配置，远近高低各不同

第一章

刚需族购房
——中国房价有泡沫吗

对于刚需，买首套房的时候，你一定会关心两个问题。第一，现在的中国房地产有泡沫吗？买了会不会成为“接盘侠”？第二，如果刚需族买房，有什么原则需要遵循？

现在的中国房价有泡沫吗

中国房地产到底有没有泡沫，还要不要买？现在房价很贵，很多人拿 1990 年日本的房地产泡沫作为“前车之鉴”，说今天的中国和 1990 年的日本很像，处在泡沫破灭的前夜。

为了看清楚这个问题，我们用 1990 年的东京房价和 2017 年的北京房价做个简单的比较。这么多年过去了，不好直接比较，所以我们用美国纽约的房价作为标尺来比较。美国这些年一直是全球最大经济体，相对稳定，适合作为标尺。

1990 年的时候，东京好点的房屋均价大约是 8 万美元 / 平方米，当时纽约房屋均价每平方米不到 1 万美元。也就是说，1990 年的东京房屋均价是当时纽约的 8 倍。

再看 2017 年的北京房价和纽约房价：2017 年纽约的平均房价为每平方米 2 万美元多一点，北京的均价为每平方米 1 万美元多一点——纽约房价是北京房价的 2 倍。

换句话说，以纽约房价为锚，东京房价是它的 8 倍，而北京房价是它的 1/2，简单换算可知，2017 年的北京房价是 1990 年东京房价的 1/16。所以，我们北京的房子虽然很“贵”，但是和 1990 年的日本还差很远，远远不在一个数量级上。

更重要的是，“贵”和“有泡沫”是两个概念，“贵”不一定就“有泡沫”。

对于目前大城市房价是否存在泡沫的问题，我和我的团队进行了系统的研究，基本的结论可以用三点来概括。

第一，1998 年以来，我国房价的上涨，符合全球范围内房价上涨的一般规律，并不是特例。有很多国家，随着较快的经济增长和城市化进程，房价都会快速上涨。如韩国、马来西亚、巴西、俄罗斯、南非等，随着经济的增长，其房价都快速上涨，幅度不比我们小，速度不比我们慢，所以我国的情况并不是特例，而是符合一般规律的。只不过，“鞭子不打在自己身上是不疼的”。他国房价涨、房价贵，我们没感觉，而现在我们自己面临这么高的房价，面对很大的购房压力，有切肤之痛，感受是很深的。

第二，我国房价还有很大的上涨潜力。综合收入水平、消费水平、房价水平、城市化率和老龄化率等因素，我国的房价只相当于20世纪70年代早期的日本、80年代的韩国的水平。而我们现在的人均收入还只有美国的1/7，经济增长的空间还很大。与此同时，进一步的经济增长和城市化，还会带来房价上涨的压力。十几年后，你会发现当下大城市的房价并不算高，就像你今天看10年前的房价，觉得很低一样。

第三，我国政府调控房价，调控的并不是房价的水平，而是房价过快的增速。注意，调控的是过快的增速。这是因为房价增速过快会导致财富差距过大，不利于社会的繁荣安定，也不利于经济和社会的持续进步。

房价上涨的原因

现在社会上有不少关于中国房价上涨的分析，其中很多分析听上去挺有道理，例如货币超发、土地供应不足、投机炒作等。那么，是不是货币不超发，土地供应足了，抑制炒作了，房价就会下跌呢？

这些原因似是而非，我来简单地分析一下这些观点的漏洞。

首先，货币超发导致房价上涨是一个伪命题。举个例子，

2015—2017年，我国的货币供应量（M2）的增速大幅下降，降幅将近40%（从13.3%下降到8.2%），而房价却一路上涨。从这几年的数据来看，货币超发这种比率是下行的，房价是上行的，即货币超发作为房价上涨的“犯罪嫌疑人”，根本不在现场，怎么能说货币超发导致房价上涨呢？更何况，关于中国货币超发的观点，也是没有数据支持的。从2000年到2016年，我国的CPI（居民消费价格指数）增长率平均为2.7%，同期世界的平均通胀率为3.8%，而我国的平均通胀率只有世界的2/3。也就是说，我国的货币超发并不严重，比很多其他国家都轻。如果有人开口就谈“货币超发”，是因为基本的宏观经济学训练不够扎实。

这些数据表明，房价上涨这个“锅”，没法让“货币超发”来背。中国房价涨得那么快，根源还是我们经济增长过快，城市化速度过快。

其次，关于供地不足导致房价上涨的问题，我也举两个例子。很多三四线城市的地方政府为了筹集资金，卖了很多地——土地供应是很充足的，可为什么这些地方的房价还是涨那么多呢？还有巴黎、纽约这些城市，土地是私有的，可以敞开供应，但为什么城市中心的房价也节节上涨呢？

这是因为决定房价的不是土地，而是位置。土地可以加大供应，但是位置是固定的，没法“加大供应”。增加供应的土地，是城外的地、城乡结合部的地，不能替代城市中心的地。随着收入的增加，城市中心的地价还会涨。这就是为什么城市中心的房价那么贵的原因。

其实，对于位置的重要性，买过房子的人都知道。有一句话是这么讲的，“选房子的时候，三个要素特别重要，分别是位置、位置，还是位置”①。

再次，房价是“炒”起来的吗？其实这个问题不难回答。如果房价是“炒”起来的，就会有下降的时候，比如说温州的房价，鄂尔多斯的房价，都曾被炒得有点高，也都经历过很大的回调。但是大多数城市的房价，基本上是持续上涨的，即使是在调控之下也很坚挺。所以，大多数城市过去20年的整体房价，基本上是持续上涨的，如果是炒作，早就该回调了。

买房两大原则：“先上车原则”和“稀缺原则”

每个家庭的经济实力不同，需求不同，但是在买房的过程中，有两个原则需要记住。

一是“先上车原则”，就是要先买票上车，买不起豪华卧铺票就先买站票，以免被列车抛下。中国的经济就像一列奔驰前进的列车，一个个大中城市就像是一节节的车厢，买房就像是买票上车。如果你看懂了这个道理，就要先买票上车，免得被列车抛下。

一个常见的误解，是很多人以为买房自住要一步到位——面

① 出自英国地产大亨哈罗德·萨缪尔爵士（Lord Harold Samuel），英文原文为：Three things matter: location,location,location.

积要够大，位置要够好。然而现实是挑来挑去找不到完全满意的，就耽搁了，没上车，然后就看着房价一直涨，越来越买不起，最后被列车抛下。那么应该怎么办呢？其实就是先上车——买个买得起的小房子，随着小房子的增值，再找机会换大的。这样上了车，跟着列车一起前进了，就不会被抛下。

二是“稀缺原则”，即买负载着城市稀缺资源的市中心的房子。买房的过程中，人们经常面临两种选择：买市中心的小房子，还是买远一点的大房子？正常情况下，小房子虽然小，但是因为在市中心，价格还会贵一点。

这个时候，你要记住稀缺原则，因为房子的价值，在于附近的稀缺资源，如学校、医院、商圈、办事机构等。这些资源，可以带来各种便利，因此房子才值钱。如果没有这些稀缺资源，房子没那么值钱。远郊的房子，面积虽然大一点，但是因为很不便利，很容易被替代，所以是相对不值钱的。如果实在买不了市中心的房子，就选地铁沿线的房子，因为交通的便利可以部分代替城里的各种便利。

简单总结一下本章内容就是四句话：

第一，中国房价的快速上涨，根源在于快速的经济增长和城市化，符合世界范围内房价上涨的一般规律，并不是特例。

第二，中国的房价虽然贵，但是和日本1990年的房价不在一个数量级上，远远没有达到泡沫的程度。

第三，政府调控房价，调控的是房价的过快增速，而不是房价水平，这是为了社会的繁荣稳定。

第四，刚需买房的时候，要遵守两大原则：一是“先上车原则”，不要奢求一步到位；二是“稀缺原则”，要买靠近市中心拥有各种稀缺便利资源的房子。

第二章

改善型购房
——哪种投资更能改善你的财务状况

“改善型购房”中的“改善”有两层含义，分别是改善居住条件和改善财务状况。说起改善型购房，很多人会简单地以为就是换个大一点的房子，改善居住条件，或者换到更好的学区。这一点当然是对的，但是只对了一半。改善型购房的另一半意义，也是更重要的，是改善你的财务状况。

房子作为一种非常重要的资产，在家庭财产中占绝对大的比重。所以你若不考虑其保值增值及改善家庭财务状况的特性，那就大错特错了。正如在过去十几年里买了几套房子的人，现在财务状况都得到了大幅改善，甚至实现了财务自由。

现实中，还有些人只看到了买房的负担，看不到房子的资产价值，这也是不对的。买房在初期是有负担，有首付、月供的压力，但是过不了几年，房子就是资产了。例如很多朋友买完房子租出去，没过几年发现租金比月供款要多，完全可以抵掉月供款，房子就变成完完全全的净资产了。

所以，改善不仅是改善居住条件，更重要的是改善财务状况。理解了“改善”的两层含义之后，我们有几个问题需要回答：

第一，现在买房晚不晚，还能改善财务状况吗？

第二，房产和其他投资工具相比，例如股票、债券、理财产品等，哪个更能够改善财务状况？

第三，如果买房的话，首付和贷款应该如何安排？

改善型购房依然可以改善你的财务状况

首先，从改善财务状况的角度看，现在买房子还是划算的。第一个理由是房价的长期趋势是上涨的，这是很多国家的普遍现象。前文说过，从 1946 年到 2016 年 70 年的时间里，全球 14 个主要发达经济体的房价累计上涨了 90 多倍，扣除物价因素的影响值，还上涨了 4 倍多。由此可见，房地产“保值”“增值”的属性，是实至名归的。

在这里，你可能会有疑问，房价上涨这么多，和印象里屡屡发生的房地产泡沫与危机好像有矛盾，这个数字是不是搞错了？

其实，不是这个数字错了，而是我们人类对现象的关注，是有选择性的。例如，很多人都知道 2007 年的美国房地产泡沫，但是很少人知道现在的美国房价已经超过了 2007 年房价的最高点。

这是为什么呢？因为泡沫和危机会引起很大的动荡，进而被媒体反复报道，吸引很多关注，最后给大家留下深刻的印象。但是，房价年复一年地上涨，时间久了，会引起大众“审美疲劳”，关注度下降。但在现实中，房价缓慢地上涨才是常态，给大众的心理影响犹如温水煮青蛙，不知不觉中，房价已经涨了很多。

第二个理由就是我国的经济发展水平还很低，经济增长和房价上涨还有很大的空间。

目前，我国居民收入水平只有美国的 1/7，只相当于日本 1970 年的水平，或韩国 1985 年左右的水平，还有很大的发展空间。而且，诚如前文所讲，经济增长是房价上涨的根本原因，世界范围内其他国家的经验已经证明了这一点。

我国目前的情况是，经济增长还在持续，城市化远没有完成，人口基数很大，老龄化才刚刚开始。经济增长、城市化、人口基数这“三大红利”，共同构成了房价上涨潜力的基本面。所以，在可以预见的将来，中国经济增长的巨大潜力是支持资产配置的第二个理由。

第三个理由就是全球范围内的“资产荒”。“二战”以来，全球经历了长期的繁荣与稳定，在战后这 70 多年的时间里，全球范围内积累了大量的财富，这些财富都需要寻找投资渠道。然而，可投的项目就那么多，可买的资产越来越少，于是，作为安全资产的房子自然受到追逐。未来，只要不发生大规模的战乱，大城市的房子作为安全资产还是会继续看涨。

综上所述，从国际房价上涨的经验、我国的经济发展阶段和全球资产荒这几个方面看，我国的房产仍然是可以配置的优质资产，仍然具有改善家庭财务状况的能力。那么，下面的问题是：房子和股票、债券、理财产品相比，怎么样？哪一个更能改善财务状况？

买房收益率高于股票和理财的收益率

从历史数据看，买房的收益率比买股票、债券的收益率更高，同时也更稳定。

从 2003 年到 2017 年这 14 年时间里，房子涨了近 10 倍，一线城市的房价从每平方米 5 000 元左右涨到 50 000 元左右，二线城市的房价从每平方米两三千元涨到两三万元。如果考虑按揭，过去购房的首付平均为全款的 30%，也就是加了 3 倍多的杠杆——这样计算下来就是 30 多倍的收益率。

这样的投资收益率，是远远超过股票收益率的。做个比较，如果你买了股票，同一时间段内，上证指数涨了 4.5 倍，深证指数涨了 4.7 倍，中小板指数涨了 6 倍，港股的恒生指数涨了 4 倍，不管与哪种相比，买房的收益率都要比股票收益率高 5 倍以上；如果你买了理财产品，收益率就更低——也就涨了 1 倍左右；如果你买了国债，收益率比理财还要低。

更重要的是，我国经济增长的空间和城市化的空间还很大，只要国家继续稳定发展，城市房价的长期上涨趋势还会保持。

实际上，在过去十几年里，买了房子的人，都改善了财务状况；买了股票的人，除了极少数眼光独到的人挣了钱，大部分人没怎么挣到钱——买了腾讯股票的挣了钱，买了中石油股票的赔了钱——买股票的风险是相对较大的。

改善型购房，应该如何安排首付和贷款

上文说了改善型购房的好处，包括改善居住条件、改善财务状况，得到比股票、债券更高更稳定的收益率，那么，应该怎么买呢？这就有一个合理安排首付和贷款的问题。这方面有几个基本的原则是需要注意的。

第一，要尽量少付首付，多用贷款。一般来说，购房应该付一个在允许范围内最低的首付。这样的安排，不仅可以减轻早期的支付压力，还可以对抗未来的通货膨胀（简称“通胀”）。如果通胀水平高的话，10 年后要还的 100 万元，可能只相当于今天的 50 万元，这样就相当于又省了 50 万元。

第二，不仅要多用贷款，还要将贷款的期限尽量延长。这样既可以减少首付的支付压力，又可以对抗未来的通胀。总之，是把支付时间延长。

第三，贷款的时候尽量选择公积金贷款，因为公积金贷款利

率低，这样可以省很多月供。按照目前的利率水平，20 年期 100 万元的贷款可以节省 1 000 元左右的月供。如果你住房公积金账户中还有钱，一定不要忘了取出来使用，不然这个钱只能白白地放在账户里，变成名副其实的“纸面财富”。

第三章

买房养老
——哪些城市的房地产可以投资

说起买房养老，很多人可能觉得就是买个房子孝敬父母。这样的理解，虽然出发点很好，但是很不全面。

你可能听说过一个词叫“百岁人生”，是说人类已全面进入长寿时代——我们的父母活到 90 多岁，我们这代人活到 100 多岁将是大概率事件。假设 60 岁退休，我们将还有 40 年甚至更长的养老生活，自然需要更多的财务资源。随着物价的上涨，还是要有一点资产放在手中，多一层保障。买房养老，其实是老龄化背景下的一个保障机制和资产配置问题。买得好的话，不仅可以帮助父母养老，还可以让自己“老有所依”。

什么叫“买得好”呢？就是要尽量挑选增值潜力大的房产。这里面就有两个非常关键的问题：第一，在哪里买，如何挑选城市？第二，国外的房子要不要买？

挑选城市的“八大要素”

第一个问题：在哪里买养老房？很多人觉得很简单：养老房就在老家县城买，房价还便宜。但既然是一份“老有所依”的资产，你就要考虑其保值增值的潜力。所以城市的发展潜力，才是最重要的考量因素。

关于这个问题，我们团队做过系统的研究，梳理了决定城市房价的八大要素。为了便于理解和记忆，我把这八大要素分为两类，各含 4 个：第一类是“常见的已知要素”，第二类是“不常见的关键要素”。

常见的已知要素分别是：城市规模（以地区国内生产总值，计 GDP 总量或者人口总量为衡量标准）、人口流入、人均收入（以职工平均收入水平为参考）和土地供应情况。这些要素在关于房地产的讨论中经常被见到，代表着一个城市的综合发展水平、人口吸附能力、人均收入水平和住房供应水平，这些都是影响房屋价值的重要因素。

这些因素虽然常见，但其重要性不应被低估。例如，城市规模是决定房价的最重要的因素。这一条很重要，但很容易被忽视。为什么大城市房价高，小城市房价低呢？这是因为一个城市的规模就是其资源集聚能力和城市管理水平的最重要指标。加上城市发展的网络效应，大城市的发展潜力和稳定性也会比小城市大。

另外，人口流入这一条也非常重要 。一个城市外来人口越多，房价也就越高。北京、上海、广州、深圳等大城市就不多说了，房价很高，外来人口也很多。除了人们熟知的这些大城市，还有一些中小城市的人口流入也很多，如珠三角的佛山、东莞和中山。这三个城市地处粤港澳大湾区，区位条件好，发展潜力大，吸引了大量的人口流入，房产保值增值的潜力也很大。

除了四个常见的已知要素，还有四个“不常见的关键要素”。这四个要素很关键，可能会帮你找到挑选城市的“胜负手”，它们分别是：

1. 儿童数量增速。数据显示，一个城市学龄儿童的数量增速越快，房价就越高。例如，深圳房价涨得很快，除了刚才说的原因外，还有一个非常重要的原因，那就是深圳学龄儿童的数量增速是全国最快的。从 2000 年到 2016 年，深圳学龄儿童数量增长超过 300%，不仅是全国最快的，而且是排名第二的厦门的 2 倍，是排名第三的北京的 3 倍。这样一来，你就明白为什么深圳、厦门、北京的房价涨得那么快了。家里小孩要上学，买房就变成了“刚需”，人们也就不会再犹豫了。而且买了房之后，不仅孩子的上学问题解决了，而且房子还增值了，一举两得。

2. 上市公司数量。这一点很有意思。一个地区上市公司的数量，是当地经济活力的重要指标。要知道，在我国公司上市是很难的——一个公司要过五关、斩六将，最后才能上市，所以上市公司的总体质量比较高。最近几个月，股票发行审核委员会开会，经常是“5过1，6过1”，也就是5、6家公司上会，只有一家可以顺利通过。审查之严，可见一斑。

如图3–1所示，2017年A股新上市公司数量最多的省份或直辖市，分别是广东、浙江、江苏、上海、北京、福建、山东和湖南。这八个省市，也是中国经济比较活跃的地区。

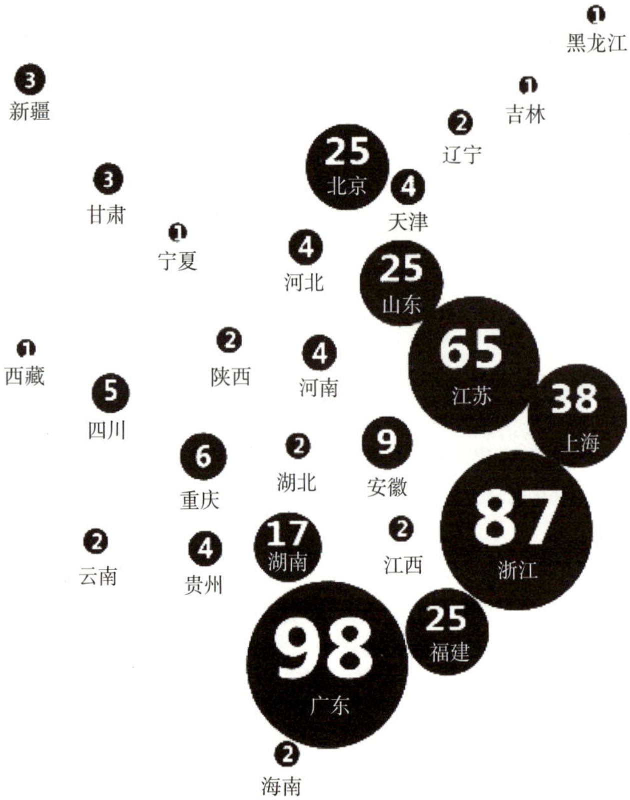

图3–1 2017年A股IPO（首次公开发行股票）数量区域分布（单位：家）

3. 财政收入。财政收入这一条很重要，因为我国很多地方的经济统计结果不一定特别准，但是财政收支的数据很靠谱，所以真正经济好的城市，财政状况也很好。相关数据显示，我国有七个省市的财政状况良好，分别是上海、北京、深圳、广东、浙江、江苏和福建，而其他省市大多处于财政赤字的状态，也就是入不敷出。相应地，入不敷出的省市就很容易大量卖地，房价增长的潜力自然就打了折扣。

4. 服务业占比。服务业占比就是一个城市经济中第三产业的比重。这一条很重要。我们的研究成果表明，服务业主导的城市，发展潜力大，即使在经济下行的情况下也表现比较好，比工业主导的城市好，具有对抗经济下行的特性。所以，在我国经济增速下行、经济转型的大背景下，服务业占比这一要素尤其重要。

以上内容就是决定房价的八大要素。通过这八个要素，我们就可以完全理解中国房价的决定性因素。所以，当你买房的时候，不妨列个单子，一一比对，不仅要比对前面四个常见的要素，更要关注后面四个不常见的要素。

国外房产投资：看起来很美

有人说国外很多大城市的房子比国内还便宜，与其买国内这么贵的房子，为什么不买国外便宜的？

国外买房投资这件事，根据我们以往做过的研究，可以概括如下：

第一，国外的房子其实不便宜。很多国外的城市的房价，一眼看去比国内一线城市的房价便宜很多。但是这些大城市只有几十万人口，人口规模相当于国内的地级市。如若和国内地级市的房价相比，这些城市的房子还是很贵的。例如，亚特兰大是美国的大城市，但是人口只有50多万，房价每平方米2万多元。对于一个拥有50万人口的城市，这个房价其实一点也不便宜。

第二，与国内可比的城市相比，国外城市的房价更高。例如纽约、洛杉矶这样的大城市，其市区人口有好几百万，都市圈人口有一两千万。这样的城市的房价就比国内的贵，比如纽约、洛杉矶的房价，差不多是北京、上海房价的两倍。

第三，国外的房子投资收益率也不高。纽约、东京等特大城市的房产，不但价格贵，持有成本也很高，但投资收益率并不高。以纽约为例，其房价大约是北京的2倍，名义上的房租收益率在4%以上，但是扣除房产税、保险费、管理费等税费后，最后也就剩下2%左右。这个数据和国内一线城市的差不多，但考虑到国内房价增长快，投资价值还是国内城市房子的大。

其实，还有一个简单的逻辑可以告诉你在国外买房不太靠谱。这是个资金富余的时代，国外的资金也在寻找投资机会。前两年欧洲的国债收益率很低，甚至是负的，如果国外的房产有较高收益，那么早就被专业机构、富豪们买走了。等我们去买，可能就成了“接盘侠”。

所以，普通家庭去国外买养老房是不太靠谱的。不过，有少数高净值人群，资产很多，在国内已有很多套房子了，他们在国外买房不是为了增值，而是为了优化投资组合，分散持有资产。那是另一种考虑，不在此进行讨论。

第四章

租房
——租房比买房便宜吗

对于租房，很多人有一个误区，以为租房很便宜。例如，一些同学会有这样的观点：像北京、上海这些大城市的房子，租售比达到 60 多倍，也就是说，房价是年租金的 60 多倍，而且房屋的产权只有 70 年，那我租一辈子的房子，没什么了不起。

大城市里的房子，“买不起的时候租，等有条件再买”，这个无可厚非。但是如果以为可以一直租，租房比买房便宜，那就大错特错了。这有三个方面的原因。

大城市房租的快速增长

我们先来看看过去几年里一线城市房租的增速。2010 年到

2016 年，是我国经济大幅减速的一段时间。但是北上广深的房租，每年的涨幅都在 6% 以上。其中，上海房租上涨得最快——每年 11.2%，7 年时间翻了一倍还要多；深圳和广州其次，分别是每年 7.5%、7.4%；北京相对慢一点，但每年涨幅也有 6.4%。相较于这些年平均 2.6% 的通货膨胀率（以下简称“通胀率”），这个房租的增速是非常快的，快了至少一倍以上。

对于房租的持续快速增长，租房的朋友深有体会。现在一线城市的房租很贵，就是这些年房租持续上涨的结果。举个例子，现在北京一个六七十平方米的小两居，月租金经常要六七千元，好地段的则更贵。同样的房子，放在六七年前，房租也就是每月两三千元的水平。

这样的增速，是非常恐怖的。你若租一辈子的房子，几十年后会发现房租贵得惊人。假设你现在租一个小房子，月租金为 6 000 元，每年增长 6%，也就是明年涨 360 块，后年涨 380 块……70 年后，租金是多少？你可以拿出计算器简单计算一下，结果是 33.4 万多元。注意，这是月租金，年租金要 401 万元。注意，这是租金，不是售价。怎么样，看到这样的数字，你还觉得可以租一辈子的房子吗？

房租的快速上涨，并不是我国特有的现象，国外也一样。据统计，“二战”后这 70 多年里，发达国家大城市的房租，每年增长速度都在 6% 以上。

那么，房租为什么增长那么快呢？

一方面，从供求原理讲，这是由租房市场的性质决定的。根据价格弹性原理，如果一种商品的需求很旺盛，供给增加又很慢，那么价格会上升很快。

大城市的租房市场，是一个“需求刚性 + 供给刚性”的双重刚性市场。从需求面来看，很多人涌进大城市，在没房子的时候只能租房住，这个需求是刚性的。从供给面来看，因为给定地段的房子就那么多，供给增加很慢，房屋的供给也是刚性的。出租的不愁租，租房的不得不租，这种情况下的房租增速，一定是很快的。

另一方面，根据恩格尔定律，随着收入增加，食品方面的支出比例是下降的，居住、旅行、娱乐等方面的支出比例是上升的。简单地说，就是人们可以把更多的钱用在房租上。这样一来，房租一定是上涨的，而且这个上涨速度至少要和收入增速一样快。过去几年的人均收入增速都在 7% 以上，所以房租的增速一定快于这个数。

买房比租房便宜很多

由于房租的快速增长，现在看起来很高的房价，其实从长久来看，其相对于房租是很便宜的。

简单算一下这笔账。假设你租了一个小房子，其售价为 432 万元，月租金为 6 000 元，那么年租金就是 72 000 元——租售比达到 60 倍。在这种情况下，是租房划算，还是用 30 年的房贷买下来划算？

乍一看，是租房划算，毕竟房价是租金的 60 倍。可是如果你考虑租金的上涨，那么结论是完全反过来的。

先来看“租”。假设每年租金上涨 6%，这样累积 30 年，你一共付了多少租金呢？答案是约付了 569 万元。然而，付了这 569 万元以后，你还是没有房子，还得继续租房。

再来看“买”。如果你凑了 30% 的首付，并用公积金贷款买了这套房，30 年还清，那么你的首付和房贷本息总额大约是 603 万元，比 30 年的租金总额仅仅多了 34 万元。然而不同的是，这个时候你已经有了一套属于自己的房子，而且贷款已经还清了，房子成了净资产。粗略估算，30 年后，这个房子的价值应在千万元以上（随着通胀率涨就会上千万）。所以租房和买房的差别，至少是千万级的。

所以如果有条件，还是尽快买房。

这样一个计算过程，帮助我们理解了一个重要的现象，那就是租售比为什么这么高。如果你忽视房租的快速增长，可能觉得房价高，但如果考虑到房租的快速增长，那样房价就不高了。质言之，现在的高房价，是对未来房租增长的提前反映。

这个道理和“高增长的股票定价高”的道理是一样的。如果一个公司的业绩增长较快，而且非常稳定，那么它的股票的估值就会比较高。因为如果大家都看好这个股票的话，就会尽快去买，而不是等到业绩实现再去买——那时候就晚了。一旦大家争先恐后去买，股票价格就上去了，估值也就高了。过去这些年，我国房价涨得很快，也是这个道理——有人先看到了房价长期稳定上涨的潜力，争相买入，价格随之快速上涨。

买房的抗通胀性质

如果再给买房增加一条理由，那就是买房可以抵抗通胀。

不知你是否注意到，很多国家的货币的面值都特别大，如日元、韩元等。日元和韩元的面值，计数单位都是“十万”“百万”。其实这是被通胀闹的——连续几十年的高通胀率，如果再不新币换旧币，纸币的面值就会特别大。

其实，通货膨胀是全球现象，不局限于发展中国家。据统计，第二次世界大战以来的 70 多年时间里，发达国家的平均年通胀率在 4.3% 左右，物价上涨了近 20 倍，而房租和房租增速，比通胀率还快，平均在 6.6% 左右。

这样一来，租房，就得面临租金不断上涨。如果遇到恶性通胀的话，房租会表现的比通胀更加恶性，而买房就把未来很多年的租金上涨和通胀的风险都买断了。所以说，买房子是抗通胀的。

租房的“便利原则”

即使明白买房比租房好，可是现在实在是买不起，只能租房，那该怎么办？

这是个很现实的问题，我们必须面对。这个时候，你要先租房，等以后有条件再买房。在租房的时候，我们要遵循一个“便利原则”，那就是租的房子要便于你的职业发展。

假如你是一个化妆师，事业刚起步，那么对你而言，最好住在交通便利的地方，因为客户一打电话，你马上就能到，这样可以更好地开展工作，积累更多的客户资源。这个时候，你虽然买不起房，但是你投资了自己，让事业更加进步——从长期看，投资自己是最好的投资。如果住的偏远，虽然租金省了一点，房子大了一点，但是不利于你工作，也不利于你休息，时间和精力都浪费在来回奔波上了。省了租金，浪费了职场发展，这是最大的浪费。

第二篇

多维勾勒房市轮廓

第五章

纽约与北京，谁的房价应该更高

北京房价这么高，到底会不会跌？中国房价真的有泡沫吗？为什么国家会出台那么多限制房产交易的政策？很多人都关心这些问题，它们很有代表性，对此，我们需要逐一来回答。

北京房价这么高，到底会不会跌

北京一直是房价泡沫问题的焦点。北京的房价会跌吗？从有效的房屋供给量和房地产需求两个方面进行分析，我们会发现答案很简单：供给少，需求大的地方，房价就会高，跌的可能性就小。

为了把这点说清楚，我先问个问题：北京的房价是应该高于纽约房价，还是应该低于纽约房价？这个问题听上去很简单，答案当然是应该低于纽约房价啊，美国那么发达。但是，让我们用基本的经济学框架进行分析。

首先从需求看，北京的需求要大于纽约的需求。北京是中国的政治、经济和文化中心，资源高度聚集，而纽约只是美国的经济中心——政治中心是华盛顿，文化中心是波士顿。也就是说，纽约只聚集了经济中心的资源，而北京聚集了政治、经济和文化等多方面的资源。买房其实买的是城市潜力。北京聚集的资源比纽约多，房子的附加资源也更多，而中国总人口是美国总人口的4倍。因此从需求上看，北京的“刚需”要更强一些。

接下来再看供给。北京住房的有效供给比纽约少。纽约的房地产市场效率很高，流动性很好，出租率高，闲置的房子很少。而北京的很多房子利用效率很低，闲置率很高，这就降低了房屋的有效供应。不少国家机关、事业单位的房子都是不卖的，这也大大降低了房屋的有效供给。此外，由于限高和城市规划的因素，北京的房屋建筑高度和密集度都比较低，而纽约市曼哈顿的房屋建筑高度很高，很密。相关数据显示，在每平方米的土地上，曼哈顿修了11平方米的房子，而面积类似的北京二环里，每平方米的土地上只修了不到1平方米的房子。这样一来，曼哈顿的房屋供给，就是北京同等大小区域房屋供给的十几倍。从供给上看，你觉得哪个城市的供给更少？

房子是商品，价格由价值和供求关系决定。现实情况是北京的住房需求比纽约大，供给却比纽约少。此外，我国仍然处于经济中高速增长的时期，大约在 2025 年，我国会迈入高收入国家行列；在 2030 年，我国会成为全球第一大经济体。所以，从需求和供给两个角度看，北京的房价和纽约的房价应该水平相当。

那么现在是什么情况呢？目前，在具有可比性的区位和档次上，北京房价大约是纽约房价的一半。纽约核心区的房子均价换算成人民币在每平方米 14 万元左右，而北京的房子均价是每平方米 7 万 ~8 万元。至于高端的公寓，纽约的均价折合人民币在每平方米 30 万元左右，而北京的均价在每平方米 15 万元左右。所以，如果我们相信中国经济会继续平稳发展，社会稳定，那么对比纽约，北京的房子是具有投资潜力的。

此外，我们也要看到，过去这些年，房价高企，已经造成了好企业撤离、年轻人才流失、中产阶层过度焦虑的问题，这也是为什么国家一再强调房子的居住属性。房子是用来住的，不是用来炒的。那些过度使用杠杆、假离婚等方法去买 N 套房的做法并不可取，国家可以通过税收、监管、甚至限售的方法对这些投机套利行为加以遏止。同时，投资是为了更好的生活，用过高的杠杆会把自己压得喘不过气，假离婚也可能变成真离婚，那样就得不偿失了。

如果中国房价没有泡沫，国家为什么要频繁调控

房价是一个国家经济增长、一个城市综合竞争力的反映，是

在综合多方面因素后由供求关系决定的。过去，我国城市房价的上涨，主要是经济增长和城市化导致的，而未来的房价变化，也还是要看经济增长和城市化。目前，我国的人均收入还只有美国、日本等发达国家的五分之一，还有很大的增长空间。与此同时，发达国家城市化率平均超过 80%，而我们国家的城市化率约为 57%，也还有很大的空间（如图 5–1 所示）。

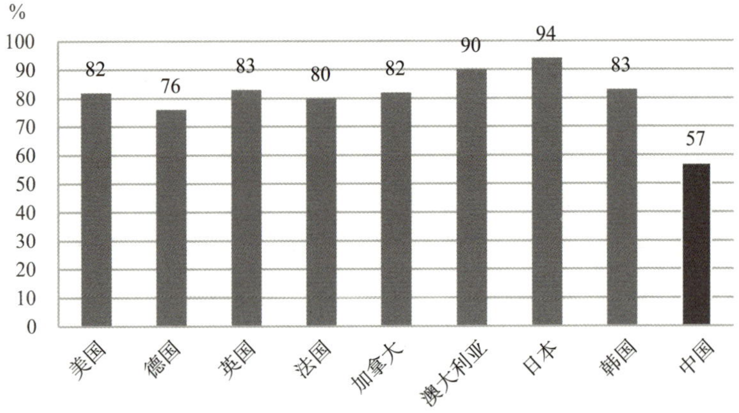

图 5–1　2016 年主要国家的城市化率

在城市化过程中，人口会进一步向大城市聚集。而且，我国人口基数大，是美国人口的 4 倍，是日本人口的 10 倍还要多——未来我国的大中城市人口还会增加。这两年国家宏观调控这么严，总体房价却没有下降，很多地方还在涨，说明城市化的步子没有停，在城市购房的需求很旺盛。至此，关于房价是否有泡沫的问题，答案已经很明显。

既然房价没有泡沫，那么为什么国家会出台那么多调控政策呢？

这个问题很重要，涉及对房价问题更深层次的理解。其实这个问题可以反问：如果房价没有泡沫，就不用调控了吗？仔细想想，可能有很多原因导致政府要调控房价，其中最重要的一个就是财富分配问题。

中国经济增速太快，就像一列疾驰的火车，而买了房的人就像买了车票。很多因为各种机缘没能上车的人就会被落下并产生巨大差距。现在有很多中低收入的人买不起房，还有刚入职场的年轻人也买不起房。如果房价涨得过快，财富差距会越来越大，这样一来，没有房的人就越来越没有希望，工作不安心，心情也会很压抑。

一个社会的发展最终靠的是人，如果人没了希望，那将是个可怕的状态，会产生很多问题。同时，从社会繁荣稳定的角度，我国政府也要保证财富差距不至于过大，所以要出台调控政策，让房价不要上涨过快，让没买房的人可以想办法努力买得起房，让收入特别低的人有保障房政策给予保障，这样社会才能稳定。所以，房地产调控，调控的不是价格，而是上涨速度，让房价上涨得不要那么快。房地产调控调节的是财富分配，是社会长治久安的稳定。

第六章

我国的房价收入比为什么那么高

房价收入比

关于房价收入比的问题，可能是大家关心的比较多的问题。这说明房价收入比的概念已深入人心。这个概念无疑是重要的，毕竟有收入，才能买房，没有收入的支撑，高房价就是虚高。

可是在计算房价收入比的时候，很多人算错了一点点。这个错主要错在“收入”的计算上。“房价收入比”中的“收入”，指的是“未来的中高收入”，也就是说，房价收入比是指现在的房价和未来中高阶层的收入的比，而不是现在的房价和现在的平均收入的比。

为什么要在“收入”前面加“未来”和“中高”两个限定语呢？

加“未来”，是因为目前的房价是对未来收入的反映。举个例子。你要看好一个股票，觉得这家公司未来盈利会大幅度增长，你不会等到未来再买，而是现在就买。你不买，别人会买，大家一起抢着买，就会把股价买上去。这只股票的估值就会很高。这个高估值是对未来盈利增长的提前反映，不是因为现在的盈利水平高。

房子的道理是一样的。眼看着城市化如火如荼地进行，人口大规模地往城里走，而且未来还有好几亿人要进城，挡也挡不住。人们克服各种困难往城里聚集，特别是往大城市聚集。人都要住的地方，住房的需求就变大了。因此，中国的大城市，就像是一家盈利增长稳健的大公司，这个盈利大家都看到了，于是就开始买这个公司的股票——房子。这个逻辑，很多人都看到了并且买了房，而随着越来越多的人看清楚了，也就有越来越多的人买房，进而就把房子价格抬上去了。未来，城市化还将继续进行，收入还会涨，所以现在房价涨，是对未来收入上涨的提前反映。

第二个约束条件是“中高”。为什么是“中高”呢？因为未来不是所有人都买得起房——只有中高收入阶层才买得起房，其余人需要租房住。例如，美国纽约、日本东京、中国香港和韩国首尔的租房率分别为68%、54%、55%和60%，即超过一半的人租房住。所以，房价收入比中的收入，应该是中高收入阶层的平均收入，而不是所有人的平均收入。

那么未来的中高收入是多少呢？我们来简单匡算一下。以北京为例，现在北京普通的家政服务人员、快递员的月平均收入是六七千元，好一点的上万元；有学位、有几年工作经验的年轻人，月收入经常在 2 万元以上，一年就是 24 万元。以后者的年收入为准，按照每年 8% 的增速，10 年后的年收入就是 52 万元，夫妻两人的年收入就是 104 万元。现在北京一套小三居的平均价格是 700 多万元。这样计算下来，现在的房价和 10 年后中高收入的比值只有 7 倍多，说明房子并不算很贵。

此外，大家都知道，中国的个人收入统计标准不完善，很多人都有隐性收入，收入越高的人隐性收入越多。所以，刚才的收入匡算是很保守的。这样一来，你可能就理解为什么房价看起来这么高，还是有那么多人买，即使调控了也不下去，新盘一开盘就被买光。说到底，还是因为房价的背后是有坚实的收入作支撑。

当然，也有人问为什么其他国家的房价收入比很低，但我们的这么高呢?

这个其实不难理解，主要原因就是我们目前的收入水平低，预期收入增速比较快，而美国、日本这些国家的收入水平已经很高，所以收入增速慢下来了。如果一个国家、一个城市预期收入快速增长，而房价反映未来的中高收入，那这个国家或城市的房价收入比就会很高。目前，美国、日本已经进入稳态阶段，未来的收入不会比现在的收入高多少，因此房价收入比就不高了。

所以，一个城市的房价收入比高，不一定说明那个城市的房子贵，因为很可能是那个城市的增长潜力好，反之亦然。简而言之，房价是对未来收入的提前反映。

在三四线城市买房

不同的城市，房价的变化规律也是不同的，很多三四线的普通小城市的房屋市场，肯定和北京、上海这样的城市有很大差距。那么在思考不同城市房子这个问题的时候，要把握好以下几点：

首先，要根据前文讲过的八大要素，对城市的潜力进行判断。中国人口基数大，总人口是美国人口的4倍多，需要更多的大中型城市。在城市化进一步推进的过程中，并不是只有一线城市才能聚集人口，很多二三线城市在人口竞争中也都会取得一席之地。例如，杭州、成都、郑州、武汉等城市，大概率会形成地区性的中心城市，而长三角、珠三角的一些中小城市，如东莞、佛山等，由于其区位优势和工业基础，也有潜力发展成有特色的大中城市。所以，你要对自己所在的城市进行仔细分析，看清城市发展的潜力。

其次，不是所有的城市的房产都有投资价值。你在使用八大要素筛选之后，有可能会发现你所在的城市并不具备投资价值。中国地理上有一条分割线，叫作“胡焕庸线”[①]。这条线的东南侧，人口密度大，降水充沛，而这条线的西北侧，则是地广人稀，降

① 著名地理学家胡焕庸先生于1935年提出的中国人口地理的重要分界线，简称“胡焕庸线”。该线从中国东北边境的黑龙江省黑河市（原名“瑷珲”）一直延伸到中国西南边境的云南省腾冲市，大致划分出了中国人口在区域上的分布，体现了中国人口东南和西北的分布区域之悬殊差异。——编者注

水较少。奇妙的是，从1935年胡焕庸提出这条分割线以来，线两侧的人口比例几乎是不变的——东南侧的土地面积占我国陆地面积的36%，居住着占全国人口96%的人口；西北侧的土地面积占64%，居住着4%的人口——东南侧的人口密度，是西北侧的42倍。

这么多年过去了，线两侧的人口比例这么稳定，说明背后的人口分布规律也是稳定的。可以推断，在将来，这种情况也不会发生太大改变。所以西北侧的城市，投资价值不会太大，投资房产要仔细斟酌一下。

第三，投资是多方面的，除了房地产，还有很多投资工具，如理财、基金等，只要掌握一些基本的方法，都会获得稳健的收益。

最后，我还想强调一下，投资自己和家人，是最重要的投资。一些落后地区的年轻人，不妨考虑到发达地区的城市里发展。只要勤劳肯干，城市里总会有机会，这样既提高了收入，也积累了技能，开阔了眼界。从长期来看，这是最好的投资。

人口结构问题

很多人关心人口问题会引起房价变化，认为我国2017年的人口出生率比日本还低，人口自然增长率下降到了5.32‰的水平，所以，人口红利的消失，可能导致经济风险，进而影响房价。此外，也有不少人认为，未来中国进入老龄化社会，老年人越来越多，对房子的需求会降低，而且大多数夫妻双方都是独生子女，会得到来自父母的多套住房，进而导致空房率增加，引起房价下跌。

这些问题，特别是后者，是典型的似是而非的问题。甚至，由于后者看起来很有道理，所以欺骗性很强。很多人可能都说过中国的代际人口结构，一般都会用“倒金字塔”来形容：一个孩子，对应父母两人，祖父母 4 人。未来孩子可以继承很多房子。这似乎听起来很有道理。

但是，我们在前文也强调过，决定房子价值的是“位置、位置、位置”。真正深刻明白这个道理的标志，是不再泛泛而谈，而是谈“哪个城市的房子”“什么位置的房子”。

如果你看明白中国人口未来的发展趋势，就会发现在未来几十年里，人口总量在略微增长之后，就会趋向平稳，然后下降，但是，人口的分布会发生变化——一些城市的人口会减少，另一些城市的人口会继续增加。因此，前一类城市的房价还会继续上涨，后一类城市的房价将会下跌。所以，老龄化、生育率的因素，并不会绝对地降低房价，而是会降低部分地区的房价。

第七章

关于房产税的三个基本问题

不少人担心房产税[①]的推出会影响房价，我总结了一下，关于房产税的问题主要就是三个：一是房产税何时会出台；二是如果出台，征收力度会有多大；三是出台以后，房产税对房价的影响有多大？

关于这三个问题，我的看法大致是这样的。

---

① 本文所使用的“房产税”一词，指的是对房产持有环节的征税。未来出台的“房地产税”如何措辞，包含哪些内容，如何征收，目前都还不得而知。它在用语上有可能使用“不动产税”，也可能使用“物业税”，或者还有可能叫作“房产税”。2011 年上海和重庆开展的房产税试点，使用的是“房产税”。至于“房地产税”这个提法，讨论中常常泛指与房地产有关的税收，包括流转和持有环节的税收，而不是特指具体的税种。

征税成本高，房产税出台“稳”字当先

房产税何时会出台？答案是“会很慢”。这不是说房产税不会出台，而是说，尽管推出房产税是税制改革的长期方向，但是在短期内很难推出，更谈不上具体的时间表。最根本的原因，是房产税与现有税种的性质完全不同。如果条件不成熟就强行征收，不仅成本太大，税收收入也不会太多，还不利于社会稳定，最终得不偿失。

要理解这个征税成本，我们不妨想一下一个古老的制度，叫作“盐铁专卖”。根据史书记载，在春秋战国时期，齐国、秦国就实行盐铁专卖制度，为国君积聚了巨额财富。那个时候的国家以农业为主，地广人稀，挨家挨户地收税很难，所以主要是向地主家收税。然而刨除供养税吏的支出，净税收收入就更少。所以，征税是历朝历代的一个大难题，弄不好就国库空虚，国将不国。

而盐和铁是每家每户的必需品，人们必须买，即使加一点价也必须买。所以，当时的齐、秦两国就实行盐铁专卖，从而获得巨额的财政收入。

盐铁专卖的例子告诉我们，尽管古代帝王有征税的权力，但还要考虑征税的成本，否则得不偿失。与此相比，现代国家不仅要考虑征税的成本，还要考虑社会的和谐稳定。

研究一下我国目前的税收种类，就会发现有一个很大的特点——所有的主要税收，都是“流量税”，“存量税”占比很少。

如图 7–1 所示，税收占比比较高的税种，几乎都是流量税。为什么会这样？根本原因就是存量税的征税成本太高。

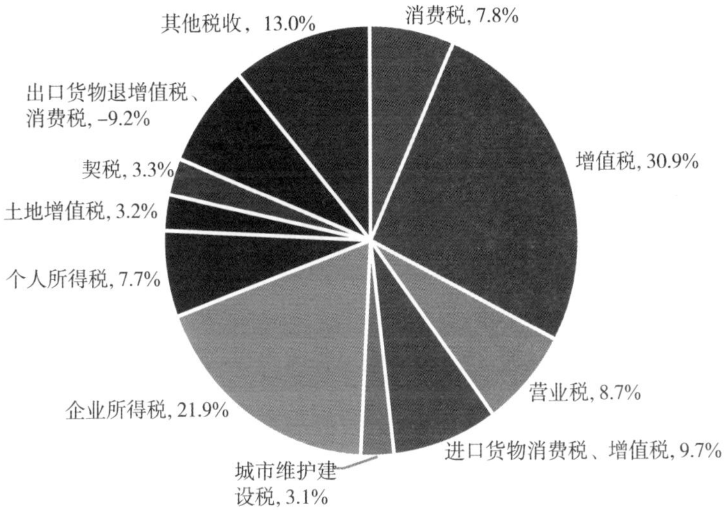

图 7–1　中国 2016 年税收收入结构（税收总额：131 611.28 亿）

所谓“流量税”，就是指向经济活动的流量征税，例如增值税是向销售征税，公司所得税是向公司利润征税，个人所得税是向个人所得征税，契税、印花税等是向交易征税……这些税收的共同特点，是向流量的、增量的收入征税。人们为了获得这些增量收入，就必须交这个税。相应地，向人们征这些税时的阻力并不大。换句话说，流量税相当于是从做大的蛋糕中切一小块，交税的人留一大块，所以纳税人在交税的时候的痛苦不大。但向存量收入，也就是财产征税，是完全不同的逻辑。存量收入已经属于个人，向存量收入收税，相当于切分已经属于个人的蛋糕，这时候给纳税人带来的痛苦将会很大，征税阻力也会很大。

这个税收阻力可以表现在各个方面。例如，一个退休老职工在城市繁华地带有个房子，房屋价值很高，可是他现金收入很少，靠退休金生活，这时候的房产税怎么收？负责征税的官员将会很难开口，难道收不上来，真要把他赶走？从社会安定的角度看，“赶人走”根本就不是一个选项。再举个例子，很多人的房子是以前单位的房改房、集资房，向这样的房子征税是很难的。如果真的使用强制力，那将会不利于社会的稳定。

从以上分析可以看出，大规模征收房产税，需要社会经济结构的根本性转变，而现在还不具备这个条件。正因如此，从 2003 年提出物业税以来，房地产税的探讨到现在已经 15 年了，立法的草案都还没有拿出来。其中的困难，可想而知。

明白了这个道理，再看看有关官员的表态，问题就一目了然了。

2014 年，时任财政部部长的楼继伟在《求是》撰文指出，房地产税改革总的方向是“在保障基本居住需求”的基础上，“统筹考虑税收与收费”等因素，合理设置建设、交易、保有环节税负。分析其要点，一是“保障基本居住需求”，二是“统筹考虑”，三是“合理设置”，都是慢慢来，不着急的意思。

2017 年 12 月，时任财政部部长的肖捷在《人民日报》的发文中提到，按照“立法先行、充分授权、分步推进”的原则，推进房地产税立法和实施，对工商业房地产和个人住房按照评估值征收房地产税，适当降低建设、交易环节税费负担，逐步建立完善的现代房地产税制度。这里的要点是“立法先行、充分授权、分步推进”。既然“立法先行”，大家都知道了房产税相关法律的重要性，自然会是谨慎再谨慎。所以，相关法律从草案到审议，到向公众征求意见，再到表决出台，到实施细则出台，还有很长很长的路要走。

此外，李克强总理在2018年的《政府工作报告》中提出“稳妥推进房地产税立法”还是强调一个“稳”字。

综合来看，我们应该明白房产税不是说收就收的，我认为至少3年内不可能。3年前我是这样说的，今天我还是这样说，再过3年之后的2021年，我大概还会这样说。毕竟，3年很快的。

保障基本居住需求，房产税税率不会太高

房产税的征收力度会有多大？把第一个问题讲清楚之后，这个问题其实很好回答。征收房产税的阻力这么大，征收的力度一定不会太大。征收的力度越大，阻力也就越大。最后，作为解决问题的思路，一定会形成普遍的税收减免政策，如人均居住面积在40平方米以下的，免征房产税等。只有这样，才能做到“稳妥”，才能保障人们的“基本居住需求”。

关于房产税的税率，一定不会太高，估计不会超过房产评估

值的 1%。因为统计局统计的城镇居民人均收入才 3 万多元，双职工加在一起也就 6 万多元，所以最多也就让人拿出收入的 10% 来交房产税，即 6 000 元。这与动辄 100 多万的房产价格相比，也就是半个百分点左右。否则，整个国家的经济系统都会乱套。

关于房产税的征收力度，我们可以参考下上海、重庆房产税试点的力度。未来出台的房产税的力度，预计和上海、重庆的力度差不多，大致就是人均减免线在 40 到 60 平方米，税率在 0.5% 左右。这样一来，城镇居民的首套房是不用纳税的，刚需首套房的购买也几乎不受影响。

房产税不会改变房价方向

房产税对房价的影响有多大？答案可以从两方面概括。

第一，既然房产税的推出会很慢，推出的力度也较为有限，那么就不会对房价产生很大的影响。

第二，根据以往的经验，房产税的推出，并不会引起房价崩盘。如 2011 年重庆、上海开展的房产税试点，对房价几乎没有影响。再看国外，美国和日本都有房产税，这些国家房子还是很贵；2005 年韩国为了调控房价推出了综合不动产税，也未能改变房价的上涨趋势。这充分说明不可高估房产税对房价的抑制作用。

说到底，房价还是由供求关系决定的。在经济增长较快、城市化还在进行的大背景下，需求很旺的大中城市的好地段的房子，价格还是会上涨的；对于发展潜力不大的三四线城市，房价上涨的空间本来就不大，倘若再出台房产税，房价是会受到一定的影响。

关于房产税问题，可以概括为以下几点：房产税的征收成本太高，房产税的出台一定会渐进、稳步，短期内不会出台房产税；房产税的征收力度不会太大，且一定会有税收减免，以保障人们的基本居住需求；房产税对房价会有一定影响，但不会很大；房价由供求关系决定，有发展潜力的大中城市的房价依然会上涨。

第八章

共有产权、租售同权的影响几何

共有产权住房：中低收入家庭的“上车”方式

关于共有产权住房，大家问得较多，比较典型的问题有“共有产权住房出来后会对房价有什么样的影响”“有些人预测共有产权住房的政策不可能执行超过两年，是这样吗？”

关于共有产权住房的问题，需从以下三点说清楚：第一，什么是共有产权住房？第二，共有产权住房的实质是什么？第三，购买共有产权住房划算吗？

首先，简单来说，共有产权住房就是由政府出地、居民出钱，双方共同拥有产权的住房。共有产权住房比商品房多了层保障性质，比廉租房多了层商品性质，是商品房和保障房的复合体。

具体来说，共有产权住房的“共有产权”，指的是居民和政府按照一定比例，分享房屋的产权。在理论上，这些房屋和商品房是一样的，但是居民在购买这些房屋的时候，房子的价格比市价低很多，大概只相当于经济适用房的价格。其中的产权比例，根据各个项目的价值和出资比例确定，常见的有 7∶3 和 5∶5。

从某一角度来说，共有产权住房就是让居民低价买房。因为房子价格低，所以居民买的只是房子的部分产权，余下的产权由政府持有。这背后的逻辑是，居民之所以能够低价买房，是因为政府提供了政策支持——大多数时候是拿土地入了股。所以，共有产权住房也可以看作是政府出地，居民出钱，双方共同享有房子的产权。

目前，我国共有 6 个城市在进行共有产权住房试点，分别是北京、上海、深圳、成都、黄石、淮安，其中江苏省的淮安市是最早进行共有产权住房试点的城市，早在 2007 年就开始了尝试。

如果把共有产权住房和完全的商品房做对比，更能帮助我们看清共有产权住房的特点。概括起来主要是以下三个方面：

第一，在居住属性上，共有产权住房和商品房差不多，但是有两点不同：一是共有产权住房售价低，因此是用更少的价格满足了居民的居住需求；二是共有产权住房的位置大多比较偏。例如，北京的共有产权住房大多在五环外甚至更远。从这两点看，共有产权住房确实有保障房的性质。

第二，在金融属性上，共有产权住房也有金融属性，可以申请商业贷款或公积金贷款；居民在购买以后可以抵押，可以出租，出租的租金按比例与政府共享。

第三，如果购房人需要将房子转手，就会面临限制。具体而言，根据《北京市共有产权住房管理暂行办法》，共有产权住房购房人取得不动产权证未满 5 年的，不允许转让房屋产权份额，因特殊原因确需转让的，可向原分配区住房城乡建设委（房管局）提交申请，由代持机构回购。取得不动产权证满 5 年的购房人，可按市场价格转让所购房屋产权份额，政府享有优先购买的权利。

其次，共有产权住房的实质是什么？

共有产权的实质，简单地说，就是把一次性的土地出让收入，变成了可以多次兑现的住房转让收入，增加了政府收入的持久性，是土地财政的新形式。

为什么这么说？我们从购房者和政府两个角度来看这个问题。

从居民的角度看，共有产权住房是买不起商品房的中低收入家庭，通过少出点钱，买到的“半套”商品房。所以，共有产权住房是政府为中低收入家庭提供了一个买房的机会，只不过买的是较偏远地段的“半套房”。比起买不起房，共有产权是一个改进。

那么从政府的角度，政府为什么要这么做？仔细分析，这样做的好处有两个。

一是满足了中低收入家庭的购房需求，维护了社会稳定。很多人买不起房所引起的财富差距越来越大的状况，对社会的安定团结是个巨大的挑战。而共有产权住房的实施，有助于解决这个问题。

二是政府在财务上没有亏损，政府手里依然拿着部分产权，如果需要，这部分产权未来还可以转让，变成财政收入。而且，随着房价的上涨，未来转让产权所得的收入比现在一次性转让土地得到的收入还要高。所以，从财政的角度，共有产权住房的实施其实是把一次性的土地出让收入，转变成了可以多次兑现的住房转让收入，增加了政府收入的持久性。

说到这里，很多人可能认为政府狡猾，甚至批评这是共有产权住房的缺点。其实这么看完全看反了。换句话说，共有产权住房的产权性质和特点意味着政府并没有牺牲收入，因此这个共有产权住房的政策是可以持续的。换句话说，很多人批评的土地财政模式不可持续的问题，其实已经找到了一种变通的解法。这才是共有产权住房的实质。而且，因为共有产权住房的供应和商品房没有太大差异，只有产权分配差异，所以它并不会改变房价上涨的趋势。

至此，我有一个猜测：因为共有产权住房在财务上的可持续性，所以它很可能会成为未来大城市住房供应的重要方式。从数据上看，北京市于 2017 年计划提供 5 万套共有产权住房，上海市截至 2017 年 8 月已经提供 8.9 万套共有产权住房，总量已经非常可观。由此推测，未来大城市的住房供应，将是由商品房、共有产权住房和廉租房共同组成，分别满足中高收入、中低收入和低收入家庭的住房需求。

最后，购买共有产权住房是否划算，要看情况。

如果你具有购买商品房的资格，而且资金充足，不妨直接购买商品房，因为商品房是全产权，投资价值大于共有产权住房。这就相当于你在资金实力雄厚的时候买股票，多买多赚，少买少赚——把商品房看作是城市的“股票”，道理是一样的。但是，如果你空有购房资格，但是资金受限，直接购买商品房确实有困难，那么先购买共有产权房，也未尝不可。待以后条件改善了，购房者可以赎买政府所持有的产权，或者转让自己的那部分产权，重新购买商品房。从这里也可以看出，共有产权住房，的确有帮助低收入家庭“上车”的功能。

当然，和商品房一样，共有产权住房也是需要挑选的。在挑选的时候，除了“位置”这个永远最重要的因素外，还要考虑共有产权住房的产权分割是否合理。从已经推出的共有产权住房来看，一般位置较偏的房子，升值潜力相对有限，对于资金状况较好的家庭可能并不是特别合适。

租售同权政策的效果几何

我国政府提出“房子是用来住的”，并在广州、深圳、南京、佛山等 12 个城市开展“租售同权”试点。这个政策对未来房地产的走向有何影响？对住房的投资价值有何影响？

为了回答这些问题，我们不妨先看一下率先实行租售同权的广州的政策具体是什么内容。广州的租售同权政策，就子女教育的问题来说，“赋予符合条件的承租人子女享有就近入学等公共服务权益，保障租购同权。”具体条件为“具有本市户籍的适龄儿童少年、人才绿卡持有人子女等政策性照顾借读生、符合市及所在区积分入学安排学位条件的来穗人员随迁子女，其监护人在本市无自有产权住房，以监护人租赁房屋所在地作为唯一居住地且房屋租赁合同经登记备案的，由居住地所在区教育行政主管部门安排到义务教育阶段学校（包含民办学校）就读。”

简单归纳，就是以下 4 点：

1. 具有本市户籍或父母拥有人才绿卡。

2. 按照积分入学标准，达到积分入学条件。

3. 监护人在本市无自有产权住房。

4. 监护人租赁房屋要是唯一居住地且房屋租赁合同经登记备案。

仔细看的话，其实租售同权所要求的条件还是很高的，不仅要有户籍或者人才绿卡，而且要达到积分入学的条件。一般来说，自有住房的积分比租房要高很多，而积分高的学生才能进好学校，所以租房的家庭由于积分低，其子女就只能排在队伍末尾，上差一点的学校了。

再来看“房屋租赁合同经登记备案”这句话。这句话意味着房东仍然拥有与房屋对应的学位掌控权，因为如果要登记备案房屋租赁合同，是必须要经过房东同意的。如此一来，房东可能要交税，进而可能会要更高的房租，再加之让渡入学的资格，或许会要更多的房租。所以，房屋的学位权，实际上还是在房东的手里。

就实际情况而言，在入学名额紧张的大背景下，租售同权只能使“僧多粥少”的局面更加紧张。在不增加学位资源的情况下，让更多的人来争夺更少的入学名额，只能使局面更加混乱，不会从根本上解决问题。倘若损害学区房购买者的利益，政策的阻力也会很大。从目前来看，大多数试点城市还是实行积分制，户籍和自有产权住房还是积分制中的主要选项。

进一步来说，倘若租房真的能够帮助承租人子女入学，而且是进入好学校，那么更多的租房需求一定会推高房租，进而房价也会有上涨的压力。这背后的原理，是在加入了租房者的需求以后，市场对学区房的需求其实是增加了。

第三篇

对标国际发达城市，拨开中国房价迷雾

第九章

纽约：世界之都的房价有多高

纽约房价有三大特点：价格高、差异大、租金收益率低。一套曼哈顿房产的平均售价约为200万美元，单价约为每平方米2万美元，平均月租金约为4 000美元。岛内区域间差异很大，单价在1万至11万美元不等，中央公园区价位最高，其他区域价格低很多，而且一旦离开曼哈顿，纽约房价就急剧下降。从投资角度看，扣除房产税、保险费、管理费、过户费等税费之后，曼哈顿房产的租金收益率约为1%，而房价在过去10年间的平均增速为每年4%。对于国外买家，考虑到交易手续费、联邦资本增值税、收入出境税等，实际的回报要少一些。

世界之都

纽约地处美国东北部，位于哈德森河入海口，紧邻大西洋，是美国第一大城市。这里居住着来自世界上 97 个国家和地区的移民，使用着 800 多种语言，是一个名副其实的文化大熔炉，号称“世界之都”。

纽约是美国人口最为集中的城市。2016年纽约人口达到855万，相当于每 38 个美国人就有一个人居住在纽约，人口密度达到 1.08 万人 / 平方公里。尽管人口稠密，纽约的人口近年来仍然在增长，从 2010 年的 819 万，增加至 2016 年的 854 万，年均增长率达到 0.74%，与美国同期的年均人口增速相仿（0.73%）。

纽约整体面积约为 1 214 平方公里，其中陆地面积为 789 平方公里，略大于北京五环内面积（667 平方公里），水域面积为 425 平方公里。纽约分为五大行政区：曼哈顿、布鲁克林、皇后区、斯塔滕岛和布朗克斯。[①]

在五大区中，曼哈顿是纽约的核心，面积却是最小。曼哈顿岛四面环水，是名副其实的岛，陆地面积仅为 57.91 平方公里，人口 164 万，人口密度达到惊人的 2.83 万人 / 平方公里。说起纽约市，如果不加说明，常常指的是曼哈顿。

布鲁克林位于曼哈顿岛南侧，与曼哈顿隔河相望，陆地面积

---

① 纽约行政区划分，除皇后区外，均以习惯称谓，即以地名指代区域。——编者注

为 212.38 平方公里，人口为 264 万，是人口最多的区。皇后区是五大行政区中面积最大的区（290 平方公里），位于布鲁克林的东北侧。布鲁克林和皇后区都位于长岛西端顶端的位置，再往东就是地理狭长的长岛。斯塔滕岛在西南侧与曼哈顿遥遥相望，是纽约人口密度最低的一个区，陆地面积有 155 平方公里，人口密度仅为 0.31 万人 / 平方公里。布朗克斯是纽约最北的行政区，与曼哈顿隔着一条小河，是纽约唯一与美国本土相接的区域，陆地面积为 114 平方公里。

纽约是全球的经济和金融中心，曼哈顿更是纽约的核心。在狭长的曼哈顿岛上，有着 55 家世界五百强公司的总部。这里还有享誉盛名的华尔街，在这条仅有 540 米长的狭窄街道上，依次坐落着美国摩根、洛克菲勒和杜邦等财团等开设的银行、保险、航运、铁路等公司的总部；著名的纽约证券交易所、纳斯达克、美国证券交易所、纽约期货交易所等也都云集与此。除此之外，纽约还有着全世界最大的股票市场。截至 2016 年年末，美国三大股票市场 NYSE, NASDAQ, AMEX（纽约证券交易所，纳斯达克，美国证券交易所）总市值为 23.6 万亿美元，占同期美国 GDP 的 127%；美国债券市场总市值为 39.4 万亿美元，占名义 GDP 的 211%。[①]

纽约经济的繁荣，也体现在就业和人均收入上。2016 年年底，

① 2016 年美国的 GDP 为 18.62 万亿美元。同年，我国股票市场总市值为 7.33 万亿美元，约为纽约三大股市的三分之一，占我国 GDP（10.74 万亿美元）的 68%。我国债券市场总市值为 9.28 万亿美元，是名义 GDP 的 86.4%。如无特殊说明，本文的汇率按照 2016 年年末美元兑人民币的中间价（6.93）换算。

纽约非农就业人数达到438.7万人，比2008年萧条期高出14%，并在2011—2016年以平均每年2.7%的增长速度上升，该增速远高于纽约州（2%）和全美的平均水平（1.8%）。2016年年末，纽约的失业率仅为4.9%。在人均收入方面，纽约人均周薪为1 456美元，约为全美人均周薪（1 043美元）的1.4倍，但各个行政区之间差距较大，收入不平等问题较为明显。其中，华尔街所在的曼哈顿是人均收入最高的区域，人均周薪达到2 783美元，是全美人均周薪的2.7倍；皇后区排名第二，人均周薪为963美元，随后为布朗克斯、斯塔滕岛和布鲁克林这三个区，人均周薪分别为927美元，865美元和825美元。有意思的是，除曼哈顿之外的四个区的人均周薪低于全美平均水平，这或者从反面说明了纽约的吸引力。

除发达的金融业外，房地产市场也是纽约经济的重要组成部分。据纽约市财政部估计，2016年纽约市房地产总价值高达1.06万亿美元，占美国同期名义GDP的5.7%，较上年同比增长8.74%，其中住房类资产总市值达到8 222亿美元，占房地产总市值的77.56%。

不同于其他城市的逆城市化趋势（中心区住的多为穷人，郊区和乡下住的多为中产阶层和富人），纽约城市居民的住房基本上是高楼大厦中的公寓，而曼哈顿则成了纽约豪华公寓的黄金区域。由于购置房屋所需的花费太高，大量居住在曼哈顿的中产阶层每月花费3 000~4 000美元用来租房栖身。从整个纽约的房地产消费支出情况来看，在人均消费支出中约有2.5万美元用于租房，占人均总支出比例的 39.6%，这也使得房产支出成为纽约市居民最大的费用支出项。

值得一提的是，美国标普 / 凯斯席勒全国房屋价格指数（S&P/Case-Shiller）在金融危机之前达到历史高点，全美、十大城市①以及纽约的房价指数分别为 184、227 和 219。然而，经过将近十年的经济恢复期，从 2017 年开始，全美房价指数已经超过金融危机前的最高水平。截止到 2017 年 6 月，全美、十大城市以及纽约的房价指数分别为 193、212 和 190。由此可见，纽约的房价水平远低于十大城市，甚至比全美平均还低。考虑到纽约强劲的经济表现，相信未来其房价的上涨空间还很大。

纽约房产分类

按照房屋类型进行划分，纽约的房产分为联排住宅（townhouse）和公寓（apartment）两大类，前者包括单户住宅、双户住宅，以及三至五户住宅等。由于房价高、供应量少等原因，联排住宅房源交易量非常少，低于整体房产交易量的 5%。按照产权进行划分，纽约的公寓可以分为产权公寓（condos）和投资合作公寓（co-ops）。由于历史、文化等原因，纽约的公寓多数为投资合作公寓（约占 70%）。一栋投资合作公寓，大致可以将其看成是

① 美国十大城市指的是纽约、洛杉矶、芝加哥、休斯敦、费城、底特律、旧金山、波士顿、匹兹堡、亚特兰大。

一家“公司”或者“合作社”——购房者在理论上不拥有房子的单独产权，而只是拥有这家“公司”的股份和其中某一套房子的“租赁使用权”；公司会整体支付公寓楼的房贷、房屋税费、雇员工资及其他运营开销。一般而言，投资合作公寓的租户按照所占有的股份比例支付相应的款项给公司。

购房人在购买投资合作公寓的时候，融资的金额一般较为受限，首付款需要达到20%~50%，而在购买投资合作公寓后，公寓无论是出租还是出售，都必须经过整栋楼所有业主的同意。然而，由于业主委员会对租客和买家进行非常严苛的审核，所以公寓的转租和转售都不太容易。不过，购买投资合作公寓有一大好处，那就是购房者每月上缴给公司的维护费可以部分抵扣税收。抵扣比例虽没有一个确定的标准（根据每年公司将多少比例的维护费支付房产税或者支付抵押贷款的利息而进行调整），但一般抵扣比例也可达到维护费的10%~50%。纽约的产权公寓就是国内一般意义上的公寓。不同于投资合作公寓，产权公寓的购房者拥有房子的产权和使用权，因此其转租和转售完全由业主个人决定，不用通过类似业主委员会的审核等流程，交易起来较为容易。也正因如此，近些年来伴随着外国人在纽约买房的浪潮，开发商新开发的房源主要以产权公寓为主[①]。在费用方面，产权公寓需要购

---

① 投资合作公寓的买方或租客需要将个人的详细资料，包括财务状况、推荐书等，经由大楼董事会审核批准才能购房或租房。同时大楼董事会也会要求与买方或租客面谈。因此投资合作公寓的购置时间会比较长，甚至有被驳回的可能，一般情况下外国人的申请很难通过。

房者每年交纳房产税和每月一次的一般性管理费用等；在融资方面，购房者在购买产权公寓时可享用较高的贷款比例，最高可达到 90%。

由于购买产权公寓时的金融政策比较宽松，转租和转售都不像投资合作公寓那样受到业主委员会的严格审查和限制，加之平均每个月支付的房产税等费用一般要小于投资合作公寓每月支付的维护费，所以产权公寓的售价要高于同等状况的投资合作公寓的 35% 左右。鉴于投资合作公寓在融资、流动性等方面的约束，在美国其他地方投资合作公寓都比较少。公寓交易市场中，主要房源都为产权公寓，但由于曼哈顿的房子比较贵，投资合作公寓房源多、地理位置较好等原因，在交易数量上基本与产权公寓平分天下。

纽约房价

纽约五大行政区房价

纽约房产的一大特点是，一旦离开曼哈顿，房价就急剧下降。图 9–1 显示了纽约五个行政区的房产销售情况：以 2016 年为例，纽约房产销售的价格均值为每套 103 万美元，销售价格中位数为 62 万美元，而曼哈顿房产销售价格的均值和中位数分别为 214 万美元和 107 万美元，几乎是纽约整体平均水平的两倍；2016 年，纽约房产的总销售数量为 11 504 套，总销售金额为 118 亿美元，仅曼哈顿的房产销售总数量就占到总体的 25.2%，销售金额更是达到了总体的 52.4%。

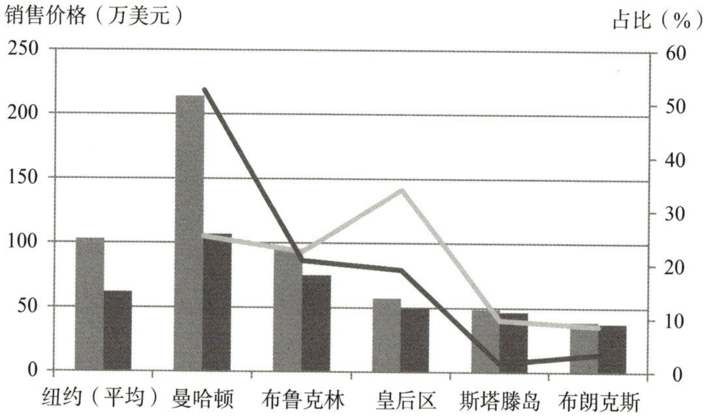

图 9–1　2016 年纽约五大行政区的房屋销售情况

数据来源：ACRIS, Miller Samuel, Douglas Ellimanm Realtor.com, Street Easy

布鲁克林的房产销售价格和数量紧随曼哈顿之后，但是与曼哈顿的差距较大。具体而言，2016 年布鲁克林的房产平均销售价格为每套 95 万美元，不到曼哈顿的一半；销售价格中位数为 75 万美元，占曼哈顿销售价格中位数的四分之三。虽然在房产销售数量上，布鲁克林与曼哈顿相当，但是其销售总金额为 24 亿美元，占曼哈顿销售总金额的 39%。

排在第三名的是皇后区，其水平更是远远落后于曼哈顿。皇后区的房产销售价格的均值和中位数分别为每套 57 万美元和 50 万美元，销售数量在五个行政区中为最高，但销售总额的占比为

19%。布朗克斯和斯塔滕岛的房价水平更低。2016 年，这两个行政区的房产销售价格的平均数分别为每套 39 万美元和 49 万美元，销售数量的占比分别为 8.6% 和 9.7%，销售总金额的占比分别为 3.3% 和 1.6%。

限于数据的可得性，出于经济重要程度、大城市的人口聚集程度等多方面考量，下文将主要对曼哈顿的房产进行分析[①]。在这个仅有 57 平方公里的小岛上，房价的差异之大远超乎想象。

曼哈顿联排住宅

由于房价较高、存量较少、地理位置欠佳等原因，联排住宅在曼哈顿房地产交易市场占据的比例很小，一般低于 5%。此外，还有一些联排住宅被开发商整套购买之后分层改装成公寓，进一步降低了联排住宅的供应量。

在价格上，10 年来联排住宅的价格上涨得很快。从 2007 年到 2016 年的 10 年间，每套住宅的平均售价从 466 万美元上涨到 628 万美元，涨幅近 35%；销售价格的中位数从 313 万美元涨到 497 万美元，涨幅近 59%；平均单价为每平方米 1.71 万美元[②]，较 2007 年上升 53.8%。结合数据来看，不管是整套销售价格还是单价，联排住宅的销售价格均已超过金融危机前的水平。但与此同时，曼

① 由于曼哈顿的人口密度和北京主城区相仿，所以在分析曼哈顿房价的时候，我们可以将其和北京房价稍做比较。

② 美国大多使用平方英尺作为面积的衡量单位，1 平方米 ≈10.76 平方英尺。

哈顿联排住宅的销量有明显下降，销售周期有所延长。在销售数量上，2016 年共有 411 套联排住宅挂牌登记销售，较 2007 年减少了 10.65%；房屋的实际交易数量为 306 套，较 2007 年年前降低了 10.5%。在销售时间上，2016 年家庭私有住宅的平均销售时间为 164 天，较 2007 年增长了 121.6%。

在联排住宅中，单户住宅、双户住宅以及三至五户住宅的交易量分别占整个家庭私有住宅交易量的 39.5%、31.0% 和 29.4%。截止到 2016 年年底，单户住宅、双户住宅以及三至五户住宅的销售均价分别为 910 万美元、478 万美元以及 408 万美元——与 10 年前相比，销售价格全部呈上升状态。然而在销售数量上，三类房产的情况却各不相同：单户住宅的销售数量最多，并且呈现上升状态；双户住宅的销售数量比 10 年前增长了 12.5%；三至五户住宅在市场上的热销程度递减，实际销售数从 2007 年的 146 套降低至 2016 年的 90 套，较 10 年前下降了 38.4%。

曼哈顿公寓

对于大多数在曼哈顿居住的人而言，他们的住房选择都是公寓，而非联排住宅。以 2016 年为例，97% 的房屋交易都是公寓类型的房源。金融危机以后，曼哈顿公寓的销售数量和价格都稍有受挫。但 2013 年以来，房价迅速攀升，目前已将近每平方米 2 万元的水平。

具体而言，截止到 2016 年年末，每套公寓的平均销售价格为

205 万美元，比 2007 年增长了 51.8%；销售价格的中位数为 110 万美元，比 2007 年增长 27.9%。均值的增幅大于中位数的增幅，这说明高端公寓的价格增速快于低端公寓；而房屋每平方米的销售价格为 1.9 万美元，比 10 年前增长了 58.12%，说明每套公寓的面积略有降低。

就不同类型的房屋而言，由于融资约束、转租转售困难以及分摊费用较高等限制，投资合作公寓的价格一致显著低于产权公寓的价格，近年来价格差距还有拉大的趋势。

而价格差距的拉大，使得投资合作公寓的需求变大。从交易数量看，2010 年前，投资合作公寓的交易数量稍低于产权公寓，但是差距不大。2011 年开始，随着这两种公寓价格差距的拉大，

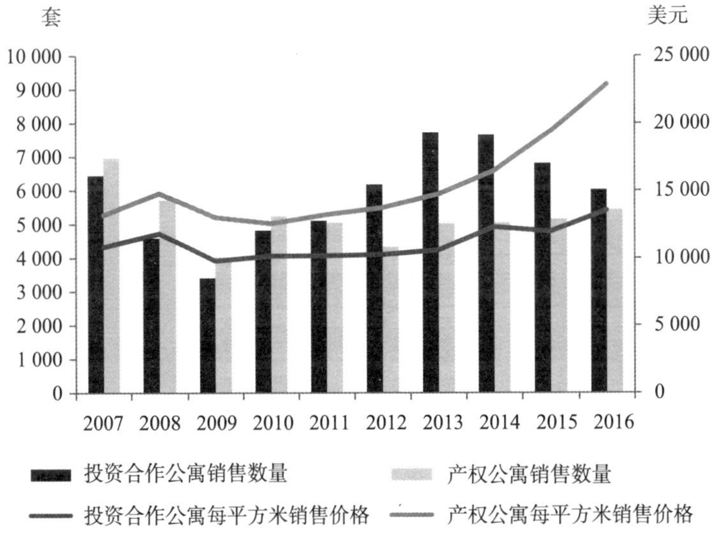

图 9–2　投资合作公寓和产权公寓的销售数量和价格

越来越多的人选择购买投资合作公寓。近两年两类房源的交易量差距逐渐缩小，目前维持着平分天下的态势。

位置！位置！位置！

关于房价，最重要的因素只有一个，那就是位置。即便在小小的曼哈顿岛上，区位导致的房子价格差异也很大。曼哈顿岛陆地面积只有 59.5 平方公里，岛内分为五个区域，中心为中央公园区，周边四个区分别为东城、西城、下城（南侧）以及上城（详见图 9–3）。

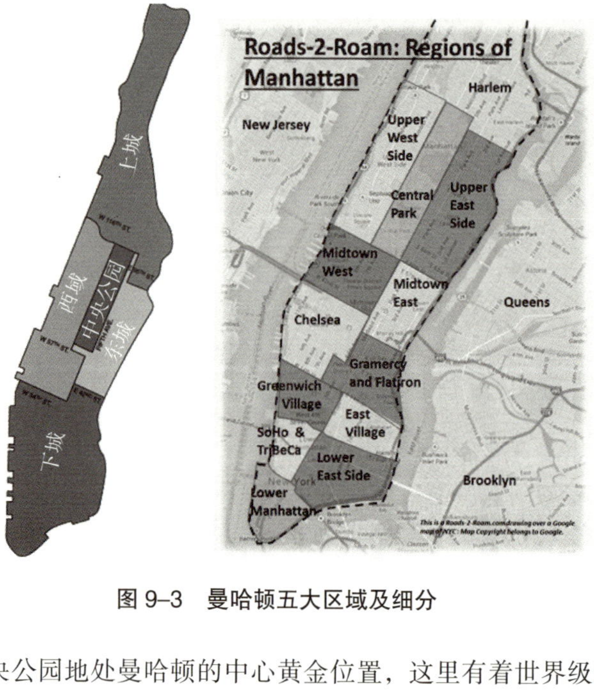

图 9–3 曼哈顿五大区域及细分

中央公园地处曼哈顿的中心黄金位置，这里有着世界级的顶级豪宅，价格高得令人咋舌。备受瞩目的明星项目是中央公园边上的“公园大道432号”（432 Park Avenue），于2016年建成，是美国第三高楼（如图9–4所示）。站在那里，你可以将巨幕版的曼哈顿尽收眼底。根据成交记录，2016年在曼哈顿销售价格排名前25的豪宅中，约有一半都位于公园大道432号。其中，最贵的一套豪宅是一个沙特富豪买的，占据整个顶层，成交金额为8 770万美元（相当于6.08亿元），房屋面积为767平方米，折合单价为每平方米11.43万美元。然而，这套豪宅在纽约房屋的成交历史上只能排在第三位[①]。

图9–4　公园大道432号

中央公园地区单套投资合作公寓的均价大约为每套484万美

① 目前曼哈顿最贵的豪宅交易纪录诞生在和公园大道432号相隔几个街区的One 57。它的顶层房屋在2015年成交，面积为1 014平方米，成交金额是1.005亿美元，折合单价为每平方米9.9万美元。

元，销售价格中位数也达到了285万美元，而房屋每平方米的销售均价为2.85万美元，中高端公寓的价格显然要高很多。在销售价格排名前25的项目中，每套价格从3 000万到8 770万美元不等，每平方米价格从4.56万美元到11.43万美元不等。相比之下，北京、上海等一线城市的高端住宅单价，约为每平方米15万元，折合成美元两万多一点，大概只有纽约相对应房产价格的一半。

下城区、东城区和西城区是曼哈顿房屋销售的主要区域。2016年这三个地区的投资合作公寓的销售均价分别为116万美元、147万美元和140万美元，单价分别为每平方米1.32万美元、1.45万美元和1.45万美元；销售数量分别为1 959套、2 130套和1 413套。这三个地区的产权公寓的销售均价分别为每套336万美元、329万美元和230万美元；单价分别为每平方米2.36万美元、2.54万美元和2.09万美元；销售数量分别为2 493套、1 414套和1 086套。

相比较而言，曼哈顿北部地区的房价较为便宜，但销售数量也比较少。2016年，北部地区产权公寓和投资合作公寓的平均销售价格为每套64万美元，平均单价为每平方米8 210美元，销售数量仅为964套。

不仅区域间差异很大，即使是在某个区域内部，房屋的销售情况也有很大不同。以房屋销售量最多的下城区的产权公寓为例，东侧房源的单价最低，大概为每平方米1.9万美元，而房价最高的西村，单价可以达到每平方米3万美元，甚至超过中央公园区的单价。

曼哈顿五大区之间，以及各区之内的房屋销售价格和销售数量都存在显著差异，这与各区居民的收入水平、居住人种、城市规划等因素均有关系。例如，广为大家熟知的曼哈顿下城区就是华尔街所在的区域，这里每套房屋的均价为 242 万美元，单价为每平方米 2 万多美元；翠贝卡区是纽约人的购物天堂，也是华尔街职场新贵们住的地方，这里一室一厅的房屋月租金一般高于 4 000 美元。东村和格林威治村是纽约人平时下班最爱玩的地方，这里充斥着酒吧和日本餐馆。纽约大学、库伯联盟学院等也都把学校建在了这附近，因此这片区域吸引了一些富裕、受过良好教育的年轻人和一些文化娱乐界的名流。这里的房屋均价大概为每套 140 万美元，单价约为每平方米 1.5 万美元。从某种意义上讲，Midtown West（西中城）不属于纽约，而是属于旅游者，属于世界。著名的时代广场、路透社、纳斯达克、Viacom（维亚康姆集团）和摩根士丹利的总部都在这一区域。因为太过嘈杂，纽约人并不喜欢住在这里，因此每套房均价只有 80 多万美元，单价也只有每平方米 1 万多美元。紧邻中央公园的上西区和上东区是富人居住区，很多富人和明星都住在这里，他们独享着中央公园附近的黄金地段，这里的每套房均值为 263 万美元，每平方米房价也基本都在 2 万美元以上。上城区的 Harlem（纽约的黑人住宅区）一带，大部分居住着收入水平最低的黑人，这里是街头文化兴起的源头，房价在这里异常的便宜，大概 70 万美元就可以入手一套，单价也仅有每平方米 9 000 美元。

图 9–5 和图 9–6 展示了曼哈顿不同价位房屋的销售情况

（2012—2016）。过去5年里，曼哈顿高价房屋的销售金额逐步上升，千万美元以上的豪宅销售金额从2012年的22亿美元增加到2016年的52亿美元，销售数量从2012年的118套增长至2016年的300套；400万~1 000万美元的高端住宅销售金额从35亿美元增加到66亿美元。400万美元，大约相当于2 600万人民币，这个价位以上的房子都可以算是豪宅了。400万美元以上的豪宅的销售金额，从2012年的57亿美元增加到2016年的118亿美元。相比之下，中低端房屋销售占比相对下降。100万~400万美元价位的中端住宅，销售金额从84亿美元上升到105亿美元，实际在2013年以来稳定在100亿美元多一点的水平。100万美元以下的低端住宅，销售金额从43亿美元下降到35亿美元，销售数量也从2012年的7 117套缩减到2016年的5 200套。

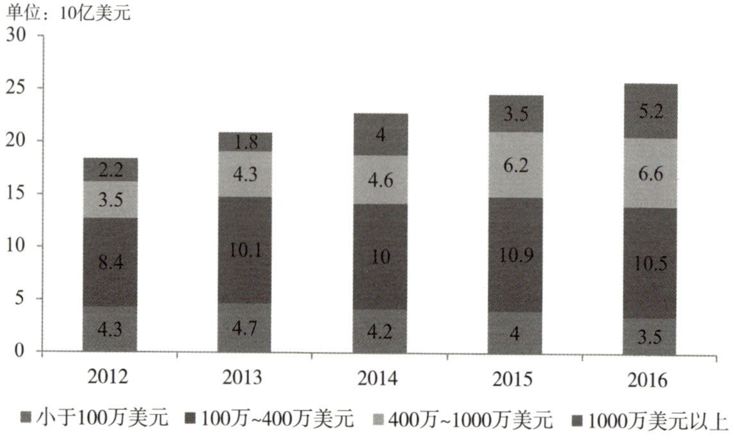

图 9–5　曼哈顿不同价位房屋销售金额（2012—2016 年）

数据来源：City Reality Year-End Manhattan Market Report

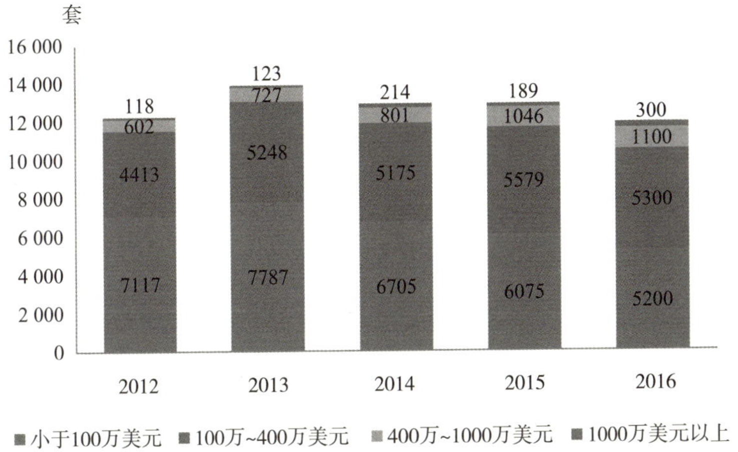

图 9–6　曼哈顿不同价位房屋销售数量（2012—2016 年）

数据来源：City Reality Year-End Manhattan Market Report

曼哈顿的房价有泡沫吗

一眼看去，曼哈顿的房子是很贵的。可以自由买卖的产权公寓的平均单价已经达到每平方米 2 万 ~3 万美元，好地段、中高端的住宅单价在每平方米 4 万 ~5 万美元的范围，顶级豪宅的单价更是动辄超过每平方米 10 万美元——这比北京、上海的房子要贵很多。面对如此高的房价，人们禁不住要怀疑这里的房价是否已经存在泡沫。

这个问题可以从经济基本面和投资收益率两个维度进行分析。首先，纽约的经济表现极佳。2016 年年末，纽约人均非农就业人数达到 438.7 万人，比 2008 年萧条期时高出了 14%，并且在2011—2016年以平均每年2.7%的增长速度上升，失业率仅为4.9%，这是一个很低的水平。此外，纽约工作人口的人均年收入已经达到7.6万美元，是美国年平均工资（5.4万美元）的1.4倍。经济的繁荣，往往促进房价的上涨。从21世纪初到现在，曼哈顿房价的平均增速为6.4%，过去10年和5年间的平均增速分别为4.1%和7.7%，虽然有波动，还经历了金融危机，但还是显示出了极强的韧性。

第二，从投资收益率来说，倘若投资收益率高，则很难说有泡沫。国内有很多人就想去美国买房，而美国买房的地点首选纽约、旧金山、洛杉矶等几个大都市。稍加了解后，我们发现在国外是“买房容易养房难”，在曼哈顿购房和养房的成本更是让人吃惊。首先，在购买房屋的时候，购房者就花费不菲，不管是购置公寓还是家庭私有住宅，房屋过户时都需要支付一笔不小于7 000美元的一次性费用（如表9–1所示）。

表9–1　纽约市房产过户主要费用

税费种类	公寓	家庭私有住宅
律师费	1 000~3 000美元	1 000~3 000美元
银行服务费	350~750美元	750美元
申请费	350美元	350美元
手续费	330美元	330美元
房屋估价费	——	300~1 500美元

（续表）

税费种类	公寓	家庭私有住宅
银行委托代理费用	650~750 美元	650~750 美元
登记费	250~750 美元	250~750 美元
市政费	350~500 美元	350~500 美元
豪宅税	如房价超过 100 万美元，需支付 1% 的豪宅税	如房价超过 100 万美元，需支付 1% 的豪宅税
贷款税	a. 抵押贷款金额在 50 万美元以下，税率为 1.80%；b. 1~3 户房产类型，且抵押贷款金额在 50 万以上，税率为 1.925%；c. 其他房产类型，且抵押贷款金额在 50 万美元以上，税率为 2.80%。	a. 抵押贷款金额在 50 万美元以下，税率为 1.8%；b. 抵押贷款金额在 50 万美元以上，税率为 1.925%。
业主委员会协商费	如果是投资合作公寓类，需要支付 200+ 美元	

资料来源：Douglas Elliman

其次，前期的一次性费用和后面无限期的养房费用相比，可谓是小巫见大巫。我们知道，美国的房屋产权是无限期的，而无限期的权利也对应着无限期的费用。每年必交的费用，主要包括房产税、保险费和管理费。美国各州房产税的年税率不同，大约在 0.5%~3% 的范围内。纽约的房产税年税率为 1.5%，也就是说，一套价值200万美元的公寓每年要交3万美元的房产税，折合人民币大约20万元，这已经是个不小的数字。

其次是强制的房屋保险费，购房者在购房的同时就需要购买。按照房产面积的不同，房屋保险费约每年1 000~5 000美元。如果你在自然灾害多发的州购置房产，往往还要额外增加一份自然灾害险，如在加州要加保地震险，在南方城市要加保飓风险等。此外，购房者还要每月支付一定的管理费。以家庭私有住宅为例，其维护成本较为高昂，仅每年的草坪维护费就需要1 000美元以上。如果你疏于管理，任由杂草丛生，当地政府会替你修剪，并要求你及时付款。而对于公寓而言，需要支付的就是每个月150~1 000美元的物业费。这样算下来，在曼哈顿，一套普通的价值200万美元的公寓的养房成本，每年在3.5万美元以上。

面对如此之高的购房和养房成本，在曼哈顿购买房屋然后出租出去是不是一个好选择呢？为了回答这个问题，我们依据“房产税率”“物业费”“保险费”及“空置率”等因素，对曼哈顿主要区域的房屋的租金收益率进行了匡算。匡算出的结果显示，曼哈顿的上城区、中央公园区、西城区、东城区和下城区的租金收益率依次递减，分别为2.66%、1.24%、0.75%、0.3%和0.11%，平均为1.01%。显然，由于较高的养房成本，在目前的租金和售价水平下，曼哈顿房屋的租金收益率并不高。

虽然曼哈顿的房屋租金收益率平均只有1%，但租金收益率只是反映房租现金流的回报水平，房产本身依然具有较好的增值能力。在过去10年间，曼哈顿的房屋平均销售价格大约增长了50%，虽然不同地区的资本增值率有较大差异——下城区、中央公园区、西城区、东城区和上城区的资本增值率分别为5.32%、4.11%、3.49%、2.56%和0.93%，但综合来看，曼哈顿房产的平均年投资收益率为4.29%。

曼哈顿房产的另一大特点是流动性高。不同于大多数不动产“变现难”的特征，曼哈顿的房产可谓是“世界上流动性最强的不动产”。从某种意义上来说，纽约不仅仅是纽约市民的纽约，而且是全世界人民的纽约。只要一有房东愿意卖房，很快就会有人竞价收购，一套房屋在挂牌之后的一个月，基本可以销售出去，退出机制非常好。因此在曼哈顿投资房产不仅可以稳拿5%以上的投资收益率，还可以享受很大的流动性溢价。

2008年金融危机之后，美国10年期国债的投资收益率处在1.5%~3%之间，这表明同期投资房产比投资10年期国债更为划算。再加上拥有房屋所带来的心理回报，在曼哈顿买房确实不失为一个理性的选择。需要说明的是，上述测算仅是基于曼哈顿房产过去10年的数据，未来10年曼哈顿房产是否还能保持在这个水平继续高速增长，还有待时间的考验。

对于中国买家而言，投资曼哈顿房产如果只是为了获取租金收益，则每年获得的净租金收益率只有1%，甚至低于我国1年期定期存款利率（1.5%）；如果是用于保值增值，按照过去10年的房价增长率测算，那么资本回报率大概在4%以上。但考虑到交易手续费、联邦资本增值税、收入出境税收等，实际到手的回报只是增值的1部分。再加上曼哈顿近些年的人口年增长率仅为0.74%，房价的增速在未来十年可能会放缓，房地产的资本收益率可能还会降低。从长期来看，投资曼哈顿房产的收益率可能与投资我国国债的收益率（3.5%左右）持平，略低于目前货币基金收益率（4%）和一年期理财产品收益率（5%）。从城市化阶段和发展水平的角度来说，曼哈顿房价的增长幅度大概率小于我国一线城市和热点二线城市。未来，如若支撑曼哈顿房价长期继续上涨的人口聚集趋势放缓，那么在曼哈顿买房的投资收益就不是很理想了。

第十章

芝加哥：没落的贵族

芝加哥是美国第三大城市，但是收入增长缓慢，人口净流出问题较为明显，房屋价格低廉，闹市区的房价仅为每平方米五千多美元，折合人民币每平方米 3 万多元，远低于纽约和洛杉矶。芝加哥房屋的租售比只有 12 左右，远远低于纽约、波士顿和洛杉矶等城市。市场并不看好芝加哥房价的上涨潜力。

芝加哥概览

芝加哥是美国第三大城市，号称“风城”，坐落在美国中东部，位于密歇根湖的西南角，城区人口 272 万。以芝加哥为核心的芝加哥大都会区，有近 1 000 万人口，是全美第三大都会。其中心商务区位于“芝加哥环”（The Chicago Loop），也是整个都市的繁华之地。著名的湖滨大道围绕着大部分的水岸一路驰骋，林肯公园、格兰特公园、伯纳姆公园和杰克逊公园等风景名胜星罗棋布，全城大多数商业和民用的摩天大厦，也密布于斯。人是城市活力的来源，要了解芝加哥，首先要了解这里的人。多年以来，芝加哥的市区人口基本稳定并略有下降。从1990年到2016年，芝加哥人口从278万减少到270万，累计下降了2.88%，年均下降0.11%。作为比较，纽约和洛杉矶的人口年均增速分别为0.59%和0.51%，人口吸引力要比芝加哥强得多。

图10–1比较了美国主要大都会区的人口数量及其累计变化。虽然芝加哥还拥有这个国家的第三大人口群体，但与休斯敦的差异在不断缩小。从1990年以来的累计变化看，相比其他城市10%以上的数字，芝加哥和费城的负值异常刺眼。十大都会中，北方

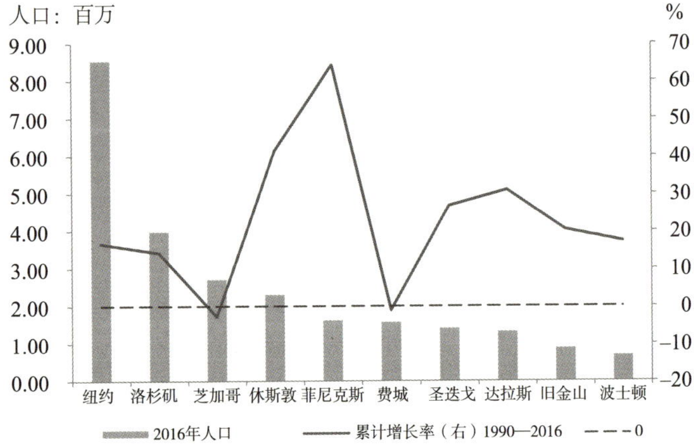

图10–1　美国主要大都会区的人口和增长率（1990—2016）

资料来源：美国普查局（U.S. Census Bureau）

只有纽约还有吸引力，其余吸附人口的大城市都在南方。

芝加哥不仅是人口意义上的大都会，在经济方面亦然。2015年，芝加哥的区域生产总值位列全美第三，仅次于纽约和洛杉矶，高于休斯敦。不过，从人均生产总值（人均 GDP）来看，芝加哥在近年来落后于旧金山、波士顿、纽约等城市，在十大城市中仅高于圣迭戈和菲尼克斯（如图 10–2 所示）。而且，从增速来看，芝加哥人均 GDP 的增速也是最慢的。从 2001 年到 2016 年，芝加哥的人均 GDP 仅仅增加了 9.2%，平均每年仅增加 0.57 个百分点。相比之下，有众多科技类企业聚集的旧金山，人均 GDP 在 16 年间增加了 21.6%，增速超过了芝加哥的 2 倍，洛杉矶更是增加了 31.2%，超过了芝加哥的 3 倍。

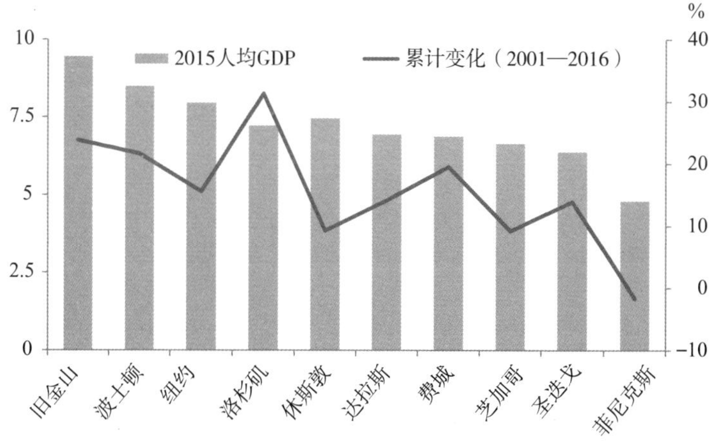

图 10–2 美国十大城市 2015 年人均 GDP 与 2001—2016 年人均 GDP 增速

资料来源：美国经济分析局（BEA）

芝加哥房价：与第三大城市的排名不匹配

就发展水平而言，芝加哥的北部区域是最繁华的，租金和房价也比较高。包括了谢菲尔德和西德保罗等地的林肯公园街区，是芝加哥最昂贵的街区，月租金中位数达到 3 000 美元，单位面积价格达到 6 500 美元 / 平方米。如果是高端的单户住宅，单位面积价格超过 1.2 万美元 / 平方米。一套房子的价格可以达到 240 万美元。芝加哥的房屋平均月租金在 1 800 美元左右，而唐人街这样的地方则要便宜得多，租金低于城市平均价，大约只有林肯公园街区的一半。

对美国几个主要大城市的房价进行比较，我们可以发现芝加哥房价是比较低廉的。无论是城市均价还是黄金地段的房价，芝加哥的房价水平只有洛杉矶的一半，不到纽约的三分之一。在最贵的黄金地段，纽约的房屋均价达到 28 000 美元 / 平方米，而芝加哥只有 5 000 美元 / 平方米多一点，相差了 5 倍多。旧金山、洛杉矶和波士顿这几个城市的最贵街区的房屋均价为 13 000 美元 / 平方米，是芝加哥的 2.5 倍左右。同时，根据价格的分布特点和相关数据，芝加哥豪宅的价格，仅仅相当于纽约和洛杉矶低端住宅的价格。芝加哥房价的低廉，可见一斑（见图 10–3）。

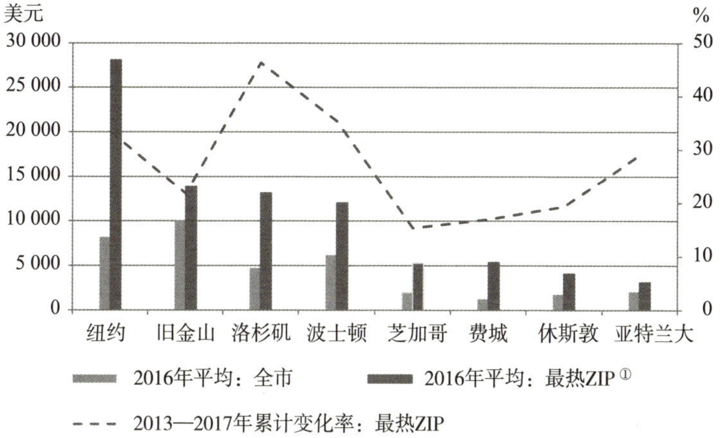

图 10–3　2016 年美国几大主要城市房屋单位面积售价中位数值表（所有类型房屋）

资料来源：Zillow（美国最大的地产交易平台）data

芝加哥房价不仅比较低，而且涨幅很慢。2013—2017 年，美国房价经历了一轮上涨，但就黄金地段的房价增长率而言，芝加哥不仅落后于其他九大城市的平均涨幅，甚至还不如全美平均水平。贵为第三大城市，房价和涨幅都如此亲民，不知是荣耀，还是尴尬。

租售比

论及房价是否理性时，租售比是一个重要的相对估值指标。它既刻画了购买者对市场的观点（要求收益率），又能体现价格的

---

① ZIP 是美国的邮政编码区，规模大约等于街区（neighborhood），小于行政区。

合理程度。

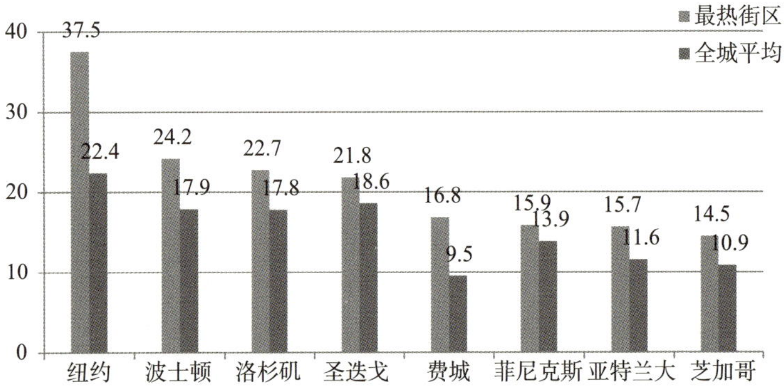

图 10–4 大城市房子的租售比（所有类型；2017 年 9 月数据）

资料来源：Zillow 数据

根据 2017 年 9 月的数据，芝加哥的平均租售比只有 10.82，低于除费城之外的其他主要城市，而租售比最高的街区[①]也是最低的，而且这些数值从 2010 年之后基本稳定。结合图中数据可以发现，芝加哥房屋的租价相对正常[②]，但售价偏低。此外，从时间序列数据中我们发现，芝加哥的房价增长率和租金增长率很接近，而纽约和洛杉矶的房价增长率就高很多，这说明了后者有更多的投机成分。

① 选择的街区按城市顺序分别为：Manhattan Beach、Beverlywood、Edgebrook、Fitler Square、Downtown、Desert View、South Park 和 Peachtree Park。

② 作为佐证，在美国住房和城市发展部（HUD）的公平市场租金（FMR）数据中，芝加哥的独卧租金为 1 055 美元，而纽约、洛杉矶和费城的独卧租金分别为 1 419、1 195 和 1 003 美元；两卧的租金依次为 1 232、1 637、1 545、1 211 美元。一个有趣之处是在所有价格数据中，芝加哥的数据和费城的数据更为相似，可能因为这两个城市的经济人口特点较为接近。

在一家名叫 Zillow 的地产交易平台上，有一个叫作“盈亏平衡时限”（breakeven horizon）的指标，是指在考虑通胀、房产税、税收折扣及租、售增值率时，购房比租房更划算的时间平衡点。超过这个平衡点后，住的时间越长，买房越为划算。截至 2016 年 9 月，芝加哥的这个数字是 1.6，整个大都会区域的时限数字为 1.8；在其他地区中，纽约大都会区的时限数字为 2.9，洛杉矶的为 3.7，美国的平均为 1.7。这个数据说明，芝加哥的房价很低，只要居住时间超过 1.6 年，买房就比租房更合算。

投资收益率——给芝加哥人算一笔账

定性分析得出的结果还不够直观，下面我们将做一个简单的定量计算，估算一下在芝加哥买房划不划算。我们的思路，是把房屋视作资产投资来考察其收益水平。

2016 年芝加哥全市的房屋中位价格约为每套 210 000 美元，中位租金则接近每月 1 700 美元。根据芝加哥当地的实际情况，每年房屋的流出项包括：房产税，按照相关政策[①]规定大约为 3 706 美元；物业费和可能的小区费，按照 2015 年标准为 4 104 美

① 美国的房产税是要每年都进行缴纳。政府会根据房屋所处地段和市价等因素计算出应缴税额，因此具体税额在各地区之间有较大差异。具体的计算方法是用平衡系数（Equalization Factor）调整房屋市价，乘以估税比例（Assessment Percentage）后再减去一部分免税额（Exemption）就得到计税基础，之后再乘以城市的财产税税率就是财产税了。芝加哥的平衡系数为 2.8032，免税部分为 7 000 美元，财产税税率 7.145%；而且近年来这一数字有上升趋势。

元和 2 400 美元；保险费约为 822 美元。由此可得，年租金净收益为 9 368 美元，年收益率约为 4.46%[①]。如果把房产委托给中介公司，那么一般还要拿 8%~10% 的租金作为中介费，进而年收益率会降至约 3.3%。加之购买时的一些手续费用，收益率会更低。比起一般不超过 2.5% 的 10 年期美国国债的收益率（30 年期国债收益率也很少超过 2.5%）高出不少。

不过上述估算是静态的，没有考虑租金及各成本项的增长和通胀，以及房屋出售时约 12% 的财产转移税。此外，购买时的中介费和相关手续费用等会进一步拉低收益率。同时，房地产的流动性和避险能力毕竟弱于美国国债，因此实际上的投资机会有限。

上述数据是全芝加哥的平均水平，那么黄金地段如何？以芝加哥租、售价格都很高的街区——谢菲尔德的产权公寓为例。该地区属于林肯公园区域，坐落在北区和中区交汇处，是传统的白人聚居区。该区域 2016 年的中位租金水平在 3 000 美元左右，中位房价将近每套 60 万美元（如果是新房，会再高 50%）。考虑到该地段的繁荣度，估算房产税约为 11 317 美元 / 年，物业和保险分别上浮到 9 600 美元（每月 500 美元管理费 +300 美元小区费）和 1 000 美元 / 年，租金中介费取 8%，则税后净收入为 10 648 美元。

---

① Zillow 根据 2016 年的数据计算出了各大城市的平均持有隐性成本（Hidden Homeownership Cost），包括了财产税、保险、维护费用（物业费）等，其中芝加哥的数值为 10 423 美元，和我们的估算结果（11 032 美元）也基本吻合。另外费城（10 925 美元）和洛杉矶（12 556 美元）更高，而纽约低于芝加哥，全美平均水平大约为 9 000 美元。

设通胀率为 2%（这是大多数预测机构认可的长期通胀率），租金和税费的涨幅都为 5%[①]，要求回报率为 4%（在国债收益率水平上加入流动性和风险升水），所得税和财产转移税分别按伊利诺伊州的 4.95% 和 10%[②]，交易成本以现价 3% 计算，10 年后的价格，用折现方法算得 121 万美元[③]，去掉财产转移税和 3% 的交易费用后，得到现价，约 68.7 万美元；如果假设 10 年间房价增长率为 50%，10 年后房价则为 90 万美元（60+60 × 0.5），则现价为 58.6 万美元。因此，估价大致范围是 59 万 ~69 万美元。如果还要考虑房屋折旧和设施维修更换等支出，实际估值区间应当稍有下调。所以，结果显示，当地房屋目前的价格基本上是合理的，上涨空间存在，但是很有限。

此外，房价的上涨往往是不平衡的，结合我们对当地房屋投资收益率的计算，可知当地房价虽然偏低，但也没有前文租售比数据中的差异那样夸张；其次，由于房地产市场在金融危机后的

---

① 大约 14 年翻倍，长视角的真实数据中大约十五六年翻倍，基本符合。

② 出售时的收入便需要计入转让税。其中联邦政府收取交易额的 10%，州政府则实行每 500 美元 5.25 美元的标准（低于加州等地），最终以 2.5 ：1 的比例向买卖双方分别收取——当然实际的分割比取决于供需弹性。考虑到会有一部分转嫁给买房者，所以大致取 10%。

③ 即假设 10 年后的年租金净收入在更远的时间内有一个稳定的年增长率，这样 10 年后的全部未来现金流都折现到房价，就得到 10 年后的房价。这一计算的逻辑在于，房价是购买资产的成本，而资产的回报是未来的所有现金流，在市场均衡的时候，二者应当相等，否则会有套利行为。文中计算取远期增长率为 4%。注意，算得的房价在 10 年间翻了一倍，所以这是很高的估计值了。

一段时间内需求偏弱，所以房屋租金涨幅很小，但随着未来租金的回暖，房价也可能会相应有所上升。

芝加哥的低房价合理吗

作为第三大都市，芝加哥的区域生产总值约为 6 303 亿美元，位列全美第三，其产业分布高度多元化，被评为美国最平衡的经济体。然而，近些年来芝加哥似乎正走在下坡路上，人均 GDP 不如休斯敦和达拉斯，21 世纪以来的累计增长率不到 10%，增长速度低于大多数大城市，而且经历了人口的净流出时期，房价也很低廉。

我们关注的重点，并不是单个城市的兴衰，而是其背后的规律。我们看到的一个明显特征：美国南方城市普遍兴旺，北方城市则渐渐衰弱。这在人口数量变化上也得到了印证：近 20 年来，芝加哥和费城等城市的人口数量毫无增加。美国普查局发布的数据显示，2016 年上半年，芝加哥又减少了 3 000 位居民，占人口的 0.11%，人口总数只比休斯敦多 42 万，而后者有着年均 12% 的增长率。

房价是一个城市发展潜力和人口吸附能力的反映。倘若一个城市的人口在减少，而原有居民大部分已经有了房子，这个城市的房价很难上涨。芝加哥人口为何减少是个复杂的问题。我们能够看到的是，在美国十大都市中，北方的城市除纽约这个世界之都外，费城的人口也在减少，而南方的大城市人口都在增加，如休斯敦、亚特兰大。而即使是北方的世界之都纽约，增幅也不如洛杉矶高。

对此，一个自然的猜想是由于气候原因，也许人们正在向南方迁移。由于寒冷带来的不便，北方城市的人口吸引力正在减弱，而人口是经济发展的核心力量，对房价自然产生着至关重要的影响。相关研究发现，一月平均气温与房价正相关（Glaeser & Gyourko，2002）。

发现两者存在正相关关系，即波士顿、芝加哥等寒冷地区房价变化小，而达拉斯、菲尼克斯等温暖地带则有更大的增幅。

因此，人口的迁移和房价的变化与气候是有关的。在同等条件下，气候宜人的南方城市会有更强的人口吸附能力和发展潜力，房价也会高一些。

第十一章

德国低房价的“阳谋”

德国低房价之谜

德国是世界第四大经济体，仅次于美国、中国和日本。德国也是欧洲最大经济体，比英、法等国的体量都要大一些。然而，在主要发达国家中，德国城市的房价比美、英、法、日都要低一些，而且长期稳定，没有出现过严重的泡沫或危机，可谓是独树一帜。我们从房屋的供给和需求的角度进行分析，发现德国的低房价其实没有什么奥秘可言，而是符合基本的供求规律。换言之，德国的低房价，没有秘密，只有“阳谋”。

从供给侧来看，德国房屋供应充足，平均每两个人就有一套房屋。充足的供应保障了居民的居住需求，防止了恐慌性购房。

从需求侧来看，德国的城市规模相对较小、人口老龄化严重、通胀水平低等因素，降低了房屋的投资需求。此外，德国还采取了一系列的政策，把房屋的投资需求从居住需求中剥离，公共资源的分配也与房屋所有权无关，很大程度上实现了“房住不炒”，是其房价长期稳定的重要原因。

德国房价略低且相对稳定

横向来比较的话，德国主要大城市的房价水平略低于欧洲其他大城市。在欧洲的主要大城市中，伦敦的房价最高，巴黎次之，然后就是慕尼黑、罗马和斯德哥尔摩等。柏林作为德国的首都和德国最大的城市，其房价只有德国另一城市慕尼黑的一半，和莫斯科的差不多（如图 11–1 所示）。看数据的话，慕尼黑的人均收入和消费支出，都明显高于柏林①。

① 柏林当地调查机构发现，2015 年，在慕尼黑，每个月的房租、食品等生活费为 2 045 欧元，人均月收入为 2 272 欧元；在柏林，人均净收入为 1 799 欧元，生活费约为 1 583 欧元。德国经济研究所（IW）每年都根据人口发展趋势、劳动力市场、经济结构、文化科研水平和创新力指数等评分指标对德国 69 个超过 10 万居民人口的城市和地区进行综合实力排名。在 2015 年和 2016 年的排名中，慕尼黑一直是第一名，许多国际大公司、金融机构和保险公司的总部都设在慕尼黑，而柏林排在 40 名左右。

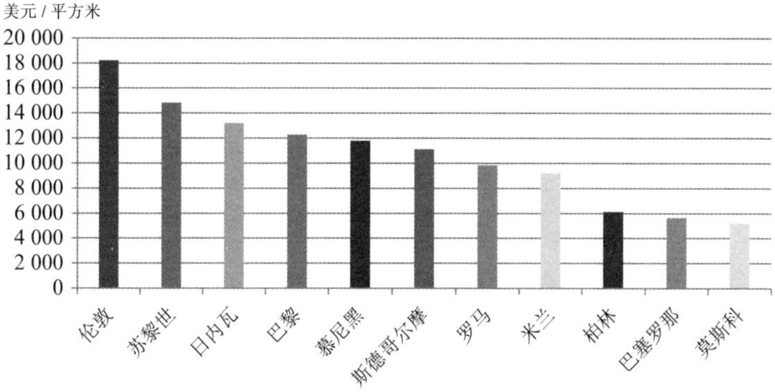

图 11–1 2018 年 4 月欧洲主要城市中心城区公寓的房价

数据来源：NUMBEO 网站

但与此同时，我们发现其实德国的房价也不是特别低，慕尼黑的房价和巴黎的差不太多。这一点，应和最近几年德国房价的快速上涨有关。2012 年以来，柏林、慕尼黑的房价增速比伦敦还要快一点，且远快于巴黎（详见图 11–2）。莱坊房地产咨询公司（Knight Frank）发布的最新数据显示，2017 年德国柏林的房价涨幅达到 20.5%，慕尼黑的房价涨幅为 13.8%。不仅柏林和慕尼黑的房价上涨很快，德国其他大中城市的房价也上涨得很快。2012 年以来，德国很多大城市的房价涨幅都在 50% 以上。虽然，德国汉堡的房价有所下降，但也主要是因为原来的房价偏高，2012 年的时候房子每平方米的单价已经有 6 500 多美元，而当时柏林的房价才 3 000 美元出头。由此可见，经济基本面较好的德国，房价也慢慢赶上来了，并不是特别低，而经济基本面不太好的意大利、俄罗斯，其大城市房价还在下降中。

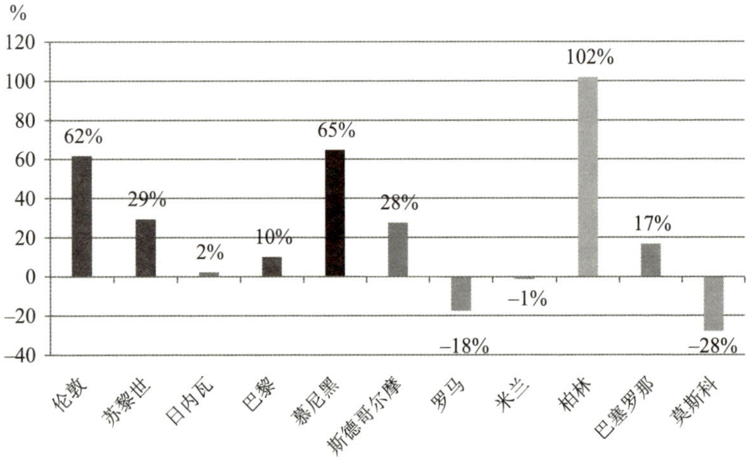

图 11–2　欧洲主要城市房价增幅（2012—2018 年）

数据来源：NUMBEO 网站

刚才是横向比较。如果从纵向进行比较的话，德国房价长期以来的增长速度的确比较慢。从 1985 年至 2015 年的 30 年里，德国房价仅上涨了 50%。作为比较，同期的澳大利亚、英国的房价上涨了 400%~500%，美国、法国和加拿大的房价也都至少上涨了 100%。

除了房价的上涨，一些国家也经历了房地产泡沫破灭所引发的危机。日本在 1985 年至 1991 年经历了房地产泡沫破灭的过程。1991 年房价大跌之后，房地产市场一直萎靡不振，2015 年年底的实际房价指数还低于 1995 年年底的水平。不仅仅是日本，美国也经历过房地产泡沫所引发的危机。2007 年美国房地产泡沫破裂所引发的次贷危机，最终演变为全球范围的金融危机。此外，在 1990 年前后，一些北欧国家也出现过一次较为严重的房地产泡沫。

放眼望去，在全球主要的国家中，唯有德国没有出现过严重的房地产泡沫和危机。那么，德国房地产市场长期稳定，房价较为亲民的原因是什么呢？我们从需求和供给两个方面进行研究。

从需求方面看德国房价

城市化水平高，单个城市规模不大

德国作为早期的工业化强国，城市化水平一直比较高。早在 1970 年，德国城镇人口占比就达到了 72.3%，进一步城镇化的空间不大。到 2016 年，德国的城镇化水平为 75.5%，这也就意味着城镇人口少，由此引发的对城市地产的增量需求较少。

除此之外，德国的城市体系呈多中心化，城市数量多，且分布较为均匀，形成了星罗棋布的中、小城市圈，单个城市的人口规模相对较小。根据世界 OECD（经济合作与发展组织）2014 年的统计，德国第一大城市柏林的都市圈人口仅有 440 万，占总人口的比例仅为 5.44%。作为比较，同为西欧国家的英国、法国的人口分布比较集中，第一大都市区伦敦、巴黎人口均在 1 200 万以上，分别占全国总人口的 19.2%、18.2%。

德国人口的相对分散，还表现在城市的规模分布上。德国有11个人口在100万以上的中型都市，且排名在前面的几个大城市的规模相差不大。作为比较，英国、法国的第二大都市区的人口，都没有超过200万，和第一大城市的差距很大，而且人口在100万以上的都市区只有5、6个，人口主要集中在最大的城市中。

表11–1 德国、法国、英国人口在100万以上的都市圈人口（2014年）

德国	人口（百万）	占全国总人口比例（%）
柏林（Berlin）	4.40	5.44
汉堡（Hamburg）	3.01	3.72
慕尼黑（Munich）	2.97	3.67
法兰克福（Frankfurt）	2.53	3.13
斯图加特（Stuttgart）	1.97	2.43
科隆（Cologne）	1.93	2.38
杜塞尔多夫（Düsseldorf）	1.43	1.77
曼海姆（Mannheim）	1.23	1.52
汉诺威（Hanover）	1.22	1.51
纽伦堡（Nuremberg）	1.17	1.45
不来梅（Bremen）	1.03	1.27

（续表）

法国	人口（百万）	占全国总人口比例（%）
巴黎（Paris）	12.04	18.18
里昂（Lyon）	1.96	2.96
马赛（Marseille）	1.77	2.68
里尔（Lille）	1.36	2.06
图卢兹（Toulouse）	1.31	1.98
波尔多（Bordeaux）	1.18	1.78
英国	**人口（百万）**	**占全国总人口比例（%）**
伦敦（London）	12.40	19.22
伯明翰（Birmingham）	1.96	3.03
曼彻斯特（Manchester）	1.94	3.00
利兹（Leeds）	1.20	1.86
纽卡斯尔（Newcastle）	1.08	1.68

注：2014 年三国总人口为德国 8 089 万，法国 6 620 万，英国 6 451 万。
数据来源：OECD

德国城市群的均衡发展，源于地理、政治、历史多方面的因素。德国的城市主要沿几大河流及其支流分布：西部的莱茵河（科隆、杜塞尔多夫、法兰克福），东部的易北河（柏林、汉堡）和南部的多瑙河（斯图加特、慕尼黑）。这三条河流各自的辐射区域，基本把德国的领土覆盖完了，而且各自造就了较大的城市。东有柏林，西有科隆，北有汉堡，南有慕尼黑，没有出现某一方位一家独大的情况。

在历史上，德国经历过“日耳曼民族神圣罗马帝国”时期。在那个历史时期，帝国由数百个更小的附属单位组成，其中有侯国、公国、郡县和自由城市等。各地基本处于自治状态，拥有自己的军队、朝廷，甚至有收税的权力，每个侯国的最大城市都可以算是一个小的经济中心。直到 19 世纪后期，柏林才正式成为德国的首都，人口才开始向柏林集中。由于以前侯国的主要城市已经累积了一定人口，形成了一定的城市规模和产业基础，再加上柏林作为首都的时间较短，所以德国人口分布相对分散。第二次世界大战结束后，德国被分割为民主德国和联邦德国两个部分，而曾经的帝国首都柏林，不但被发展较差的民主德国所包围，自身还分裂成了西柏林与东柏林。这样的局势，导致柏林的发展受限，以致难以成为第一大城市。

德国的城际交通设施完善，各个城市的基础设施水平比较平均。德国大中小城市之间以及城乡之间的基础设施、工作机会、社会保障、就医条件等几乎无差异，德国小城镇的通讯、电力、供水等设施与大都市相比丝毫不差，医院、学校、购物场所等一应俱全。因此，很多德国的大企业并非出自大城市，比如大众集团的总部位于人口只有 12 万的沃尔夫斯堡①，城中接近一半的人口都在大众集团工作。所以，德国人对于居住地有足够多的选择，

① 这座城市是 1938 年在希特勒的命令下，为了安置大众汽车的员工而建立。

不必挤“独木桥”般涌进大城市以获得更好的工作机会和社会地位，反而中小城镇对他们的吸引力更大一些。

德国各个城市都有自己的特点和定位，形成了自己的竞争力。柏林是文化、工业中心；汉堡是最重要的海港和最大的外贸中心；慕尼黑是博览会之都、啤酒城，是生物工程学、软件及服务业的中心；科隆是媒体业中心、香水之都和化工中心；斯图加特是汽车城；法兰克福是金融中心；杜塞尔多夫是模特之都；多特蒙德是煤钢基地；莱比锡是历史名城。这些具有独自定位的城市，为德国经济的均衡发展奠定了基础。

人口老龄化

人口老龄化是高收入国家的普遍现象，其中日本、德国尤为严重。2016 年，德国 65 岁以上人口占比达到 21.27%，仅次于日本（26.56%），超过法国（19.36%）、英国（18.35%）和美国（15.03%）等国家的水平。作为比较，世界平均水平为 8.48%，中国为 10.12%。人口老龄化的直接影响，是新增人口的减少使得增量住房需求较少，减轻了房价的上涨压力。由于老年人较多，人口流动也会减少，使得住房的需求相对稳定，这也是一个稳定房价的因素。

通货膨胀

“二战”后，德国物价平稳，从 1955 年到 2017 年的 62 年里，物价上涨了3.86倍，年化通胀率仅为2.6%。和其他欧美国家相比，这个年化通胀率是很低的。例如，同期英国物价上涨了19.18倍，年化通胀率为5.0%；美国物价上涨了8.15倍，年化通胀率为3.6%；法国物价上涨了12.66倍，年化通胀率为4.3%。德国稳定的物价水平，使得居民利用房地产保值增值对抗通胀的动机就变得很低。

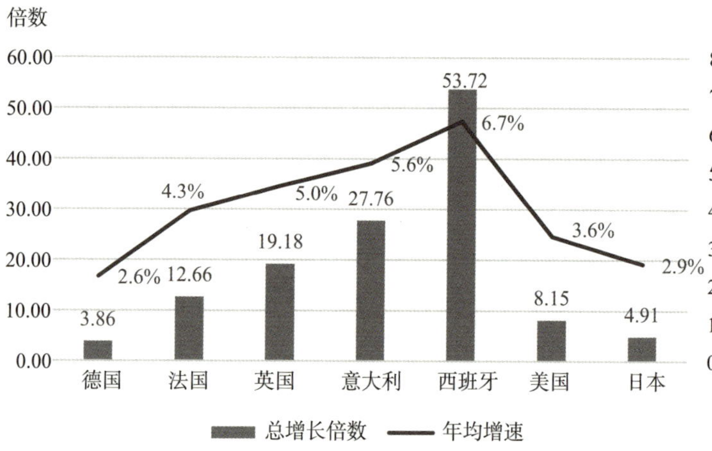

图 11-3 主要发达国家的消费者物价指数增速（1955—2017 年）

数据来源：OECD 数据库

从住房供给侧看德国房价

充足的供应总量

从供给总量上看，德国的住房总量充足，住房套户比（住房套数/家庭户数）在1978年就达到了1.21，随后一直稳定在1以上。

到了2016年，德国的存量住房约有4 170万套，户均套数约为1.02套，这说明德国的住房供应相对充足。

德国这种供应相对充足的状况，并不是一蹴而就的，而是“二战”以后大量建设的结果。“二战”几乎摧毁了德国一半的住房存量。战争结束后，德国的1 460万户家庭、6 200万人口却只有940万套房屋可供居住——通常都是两三户人家挤在一套住房里，然后德国就开始了大规模的建设。建设的高峰时期，集中在“二战”后的30多年，1949—1978年，年均建成61万套住房，共建成约1 830万套住宅。到了1978年，德国平均每户家庭有1.21套住房，长期的住房紧张问题得以缓解。

总量宽裕的时代到来以后，住房建设主要是由家庭规模小型化及需求升级引起的。1978年，德国人口达到8 300万的顶峰，其后转为持续负增长，人口基本保持在8 000万~8 200万之间。但是在1978—2009年，德国也增加了1 100万套住房。也就是说，在人口基本没有增长的情况下，住房存量增加了近40%。目前，德国人口总数约为8 200万，住房存量已超过4 000万套，平均每两人住一套房。按照德国户均人口2人计算，平均每户约有1.02套住房。此外，由于德国的城市规模分布也较为均匀，各大城市的房子都有价值，所以这些房子都是有效的供给。

三种建房方式：自建、合作建房、房地产商开发

德国住房不仅在总量上充足，而且在住房供应结构上也很细

致。通过严密的房地产规划，德国政府首先考虑居民新增的购房需求，确定每年的住房供应总量。同时，考虑到居民的收入差距，政府对高、中、低档房屋的结构做出明确规定，确定住房的供应结构，对社会福利住房专门规划用地，市场差价由政府向开发商提供补贴。

德国住房供应的充足，与住房的供应方式有关。德国的土地是私有的，住房供应方式有多种，其中主要包括居民自建、和住宅合作社合作共建、房地产商开发。多种住房供应方式的并存，使得不同的供应者之间存在竞争关系，有利于增加房屋供应。

自建房、合作建房的存在，打破了开发商对房屋供应的垄断。如果法律没有明文禁止，个人或者公司就可以在其拥有的土地上开发房地产，并且还可享受住宅建设补贴。其中，合作建房主要是通过住宅合作社进行。住宅合作社是为了满足低收入群体住房需求而成立的一种居民互助的公共性组织，基本运作模式是“集中盖房子、集中持有房子，最后再把它租给社员”。居民将钱存入住宅合作社，存款达到一定规模后获得租用合作社房子的资格。

与住宅合作社合作共建，与居民自建或个人合作建房有很大的区别。首先，个人合作建房，房子产权是个人的，而通过住宅合作社合作共建的房子的产权是社员共同持有的。其次，住宅合作社有吸收存款的功能，可以集中社员的钱用于建房。再次，住宅合作社作为一个整体申请贷款，银行的风控、尽职调查难度就会大幅度下降，有明显的规模效应，更容易获得贷款。最后，与住宅合作社合作建房之后，合作社会统一管理这些住房，所以也会负责住宅的维护。

2010 年，德国一共有 1 850 家住宅合作社，管理着 218 万套住宅。其实在整个历史上住宅合作社盖的房子是远远超过这个数字的，有些房子已经通过私有化方式卖给了社员。2010 年，德国住宅合作社大概有 280 万个注册社员，这 280 万个注册社员背后对应着大概 460 万左右的居住人口，相当于德国人口的 6%~7%。

政府对与住宅合作社合作建房给予了多方面的政策支持：一是提供长期低息贷款；二是给予借款保证；三是提供合理价格的土地；四是减少税收，对所得税、财产税、土地转移税和交易税等，均以较低税率征收；五是补贴租金；等等。不过，从 1986 年开始，随着社会住房的市场化，政府对住宅合作社的支持也在减少。例如，德国开始把贷款期限缩短到了 10~15 年，而且开始收取利息。1990 年，德国废除了国有住房公司和住宅合作社不能盈利的限制，这些住宅合作社开始商业化运作，接受带有纯投资性目的的社员。

德国政府不仅在供给上下功夫，也在需求上下功夫，以保障低收入家庭的住房需求。对于低收入家庭，政府推行“社会住房”和“住房金”等资助政策给予保障。详细来说，即通过不同的补贴方式，提供可出租的公寓楼、合作社住宅，以低于成本的租金供应给低收入阶层。此外，德国政府还实施“住房金”制度，通过向低收入家庭提供补贴，帮助这部分人群获得合适的住房。

保护承租者的租赁市场

德国房价水平较低，还和其发达的租赁市场有关。因为居民可以租到稳定可靠的房子，买房的需求就相应下降了。德国拥有欧洲最大的租赁市场，有 90% 的家庭在市场上自由租房，受《租房法》保护，另外 10% 的家庭租用社会住房或廉租房，受政策性住房法律的保障。2014 年，在德国只有 52.4% 的居民拥有自己的住房，这个数字在主要发达国家中是最低的。也就是说，在德国有接近一半的居民靠租房生活。

为什么德国的租赁市场如此发达？首先，德国居民不需要通过买房来获取公共资源，户籍和住房一般不会成为居民享受当地公共资源（子女上学、医疗、养老等）的门槛。其次，德国还出台了《租房法》和《经济犯罪法》等法律来保护承租者的利益。这种保护体现在多个方面。第一，法律对房租做了上限限制。由于房屋的具体情况各异，房屋租金由租赁双方自行协定，仍属市场化行为。但出于对承租人的利益保护，法律对房租做了上限限制：如果房东所定的房租超出"合理租价"的 20%，那么出租人的行为就构成了违法行为，承租人可以向法庭起诉；如果所定的房租超出"合理租价"的 50%，那么出租人的行为就构成了犯罪，将受到更高额度的罚款，甚至被判三年徒刑。而对于其中谈及的"合理租价"，政府方面提供了充分的指导价参考。各地区的市政建设部门会与房客协会、房屋租赁和买卖中介机构，定期根据当地通常情况下的房租价格统计结果来制定一张"租房价格表"。该表会详细列示不同类型、不同地理位置的房屋的合理租金建议，并公开发表。这份表格有着公认的权威性，可以作为法庭审理案件时判断房租合理与否的依据。

在“合理租价”20% 的限额内，若合同没有明文规定，出租人要求上涨租金价格超过市场物价指数，承租人有权利拒绝房租上涨。如果出租人对房屋进行了返修、装修之类，他可以要求 10%~25% 的涨幅。一般来说，租房合同签订后，承租人的利益就会得到充分的保障。

“房住不炒”：严格控制炒房行为

政府从居民和开发商两个方面严格控制炒房行为，维护了德国房地产价格的稳定。政府对房地产商采取严格的限价政策，根据《经济犯罪法》，如果开发商制定的房价超过合理房价的 20%，那么购房者就可以向法庭起诉开发商；如果超过 50%，那么将被定性为“获取暴利”，开发商可能会被处以高额罚款和三年有期徒刑。

与此同时，为了防止居民炒房，德国政府的管制也非常严格：购房人在住房交易时需支付 3% 的过户费、5% 的评估费和 25% 的资本利得税，以及累进税率的个人所得税。在交易时，如果售房人对房屋持有超过 10 年，则不需要支付资本利得税；若未满 10 年，则需缴纳的应税资本利得为“房屋出售价格—取得房屋成本价格—可抵扣的修缮成本价格”，并严格按照个人所得税的累计税率进行征税。

住房储蓄模式和房贷固定利率机制

在住房金融制度方面，德国有两大特征：一是“先存后贷”的住房储蓄模式，二是住房抵押贷款的利率固定和抵押品价值固定的机制。住房储蓄模式提高了居民购房自有资金的比例，而长期固定的房贷利率和抵押品价值，也对房地产市场起到了重要的稳定器作用。根据德意志银行 2010 年对德国信贷市场的报告，住房储蓄银行在房贷市场的份额占比为 13.8%。住房储蓄银行最大的特点是“先存后贷”，参加住房储蓄系统的储户与住房储蓄银行签订“建（购）房储蓄契约”，储户每月需按契约金额的 5‰ 进行银行储蓄，在 7 年左右存满契约所约定金额的 50% 后，才可取得全部契约金额的贷款权，而银行用于贷款的资金，来自其他购房者的储蓄。

住房储蓄模式在降低银行风险，解决居民购房需求，稳定宏观经济这三方面都有优势。第一，对银行来说，购房人自身对住房资金的积累提高了自有资金的比例，降低了贷款风险，也有助于银行在此期间考察客户信誉，控制贷款风险。第二，对居民来说，住房储蓄银行是独立运行于资本市场外的封闭资金体系，使大量有住房消费性需求的中低收入阶层融资者以契约形式形成互助团体，共同储蓄，解决住房资金短缺的困难；第三，对宏观经济来说，住房储蓄与其他资本市场的隔离，保证了住房储蓄市场长期稳定，不会随着经济的起伏产生大范围的波动；第四，较高的自有资金比例，降低了居民杠杆率和房地产泡沫发生的概率，也降低了金融系统风险。

德国住房贷款的另一大特征是住房抵押贷款利率固定和抵押品价值固定。与英国和美国等国家不同，德国商业住房抵押贷款大部分实行固定利率，特别是5年及以上的中长期贷款，固定利率期限平均为11.5年。长期固定房贷利率合同，加上德国通胀水平较低而且相对稳定，使得实际的利率水平也很稳定，能够消除因利率波动引起的购房需求波动。相应地，房价也不会因信贷政策的变化而出现波动，因而德国房价几乎不受利率变动的影响，保持了长期的稳定。

抵押品价值固定使得商业住房抵押贷款的抵押品价值不随市场变化波动且贷款价值比低。抵押品的价值是贷款时的价值，不随市场波动而变化，其资产增值部分也不能加按揭。这样，就割断了“房价上涨——可抵押资产增加——可贷资金增加——购房需求增加——房价上涨”的“自我实现”机制，减少了房地产泡沫存在的可能性。

综合上述内容可知，德国房价长期稳定在较低水平，可以归结为两条根本原因：第一，住房供应量总体较为充足，而且供给结构也在不断优化中，居住需求得到了很好的满足；第二，炒房成本增加，投资需求受到抑制，保护了租赁者利益，使居住需求得到满足，同时努力做到“房住不炒”。德国的经验不一定能移植到其他国家，移植了也不一定有效。从德国的经验中，我们看到的是，房价并不神秘，满足供给、需求决定房价的基本规律。同时也要看到，2012 年以来，柏林和慕尼黑的房价快速上涨，柏林的房价翻了一倍，慕尼黑的房价也已经涨了 66%，增速甚至快于伦敦（61%）。目前，欧洲经济虽然复苏，但是依然实行负利率，说明投资机会依然不多，房地产在长期内的保值、增值作用会得到进一步体现。而德国作为欧洲最大、最有活力的经济体，房价可能继续上行。在不久的将来，关于德国房价低的论断，可能成为历史。

第十二章

东京地产："泡沫"没有告诉你的故事

当我们说东京地产，我们说的是什么

说起东京地产，"泡沫破灭""一蹶不振"，是经常用到的词汇。东京的房地产价格指数，从 1990 年左右的顶峰时期到现在，下降了约 7 成。"日本经济'失去了 20 年'"，也被认为与房地产泡沫破灭有关。然而，2013 年以来东京房地产市场出现明显反弹，房产成为众多投资者竞相追逐的热门资产，而东京也频频被机构投资者列为亚太区第一、全球前三值得投资的市场。东京地产的真相到底如何？日本的经验到底给我们什么样的启发？答案需要我们仔细梳理。

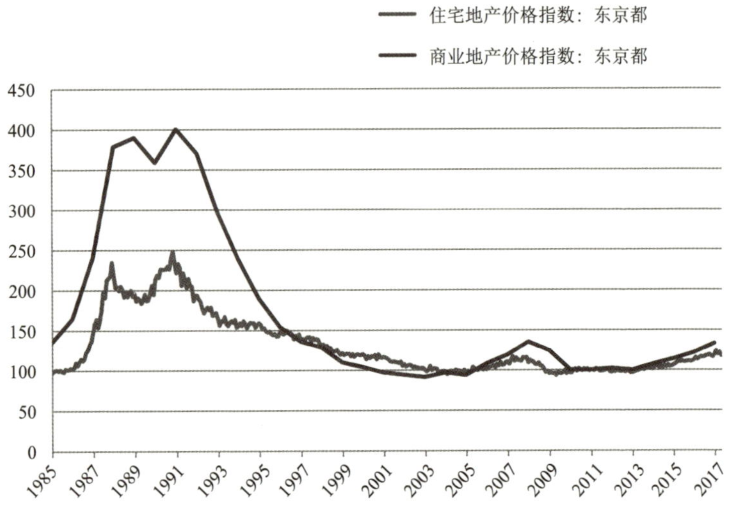

图 12–1　东京都地产价格指数（1985—2017）

数据来源：日本国土交通省（Ministry of Land, Infrastructure, Transport and Tourism）

说到东京，其实可以有三层相差很大的概念：东京都市圈、东京都和东京特别行政区。这三层东京概念差异很大，人口密度和房价也很不同。为避免讨论中的混乱，先厘清这三层概念。

表 12–1　三层东京概念的区别

	东京都市圈	东京都	东京特别行政区
占地面积（平方公里）	36889	2190	619
总人口（万人）	4378	1316	939
人口密度（人/平方公里）	1187	6009	15162
GDP（万亿日元）	197	95	–
人均 GDP（万日元/人）	450	722	–

东京都市圈，又称首都圈，以东京市区为中心，半径 80 公里的区域内，东京都、神奈川县、千叶县、崎玉县等一都七县共同组成了东京都市圈。圈域面积 3.69 万平方公里（相当于 2.25 个北京），约占日本国土面积 10%；人口总数 4 378 万人，占全国三分之一以上，创造了全国 40% 的 GDP。

东京都，相当于我国的省，辖区包含东京特别行政区（位于东京都东部）、多摩地区（含西部多山地区、中部很多小城市及村落），以及伊豆诸岛、小笠原群岛等岛屿地区。

东京都占地 2 190 平方公里，相当于北京市区面积的 1.6 倍，人口 1 316 万[①]，是日本 47 个都道府县中人口数最多的，人口密度为日本全国的 18 倍。该区域 GDP 为 95 万亿日元，人均 GDP 相当于日本全国的 1.7 倍，上海市的 4 倍。这里拥有全球流量最高的铁轨系统和通勤系统，赋予了东京都强大的人口虹吸能力。据统计，东京都日间人口数为1 558万人，每日有约240万人交通往返。

东京特别行政区（原东京市），位于东京都的东部，包含 23 个特别行政区，占地 619 平方公里（相当于 1.4 个海淀区），人口更为稠密，共有 938.5 万居住人口，人口密度为 15 162 人 / 平方公里。在世界范围内，这个区域的人口密度都是很高的，区域人口密度仅次于中国澳门、摩洛哥、曼哈顿岛等地方。

在东京特别行政区的 23 个区中，中心 6 区包括千代田区、中

---

① 根据 2015 年东京都政府的测算结果。

央区、港区、新宿区、文京区、涩谷区。这里是东京的核心区，是东京的最繁华地段，日本的皇宫就位于千代田区。这六个区占地面积 86.9 平方公里，总人口 130 万人，人口密度 1.5 万人 / 平方公里。其中千代田区由于是皇宫所在地，人口密度较低，只有 5 000 人 / 平方公里，拉低了 6 区的平均密度。

分化的东京地产市场

东京各区域之间差异很大，而人口的流动是区域之间差异的集中体现。

2010—2015 年，日本全国的人口总数从 1.28 亿减少到了 1.27 亿，减少了 0.78%。然而，同时期的东京地区的人口却是增加的——东京都市圈、东京都和东京特别行政区的人口增速分别为 0.72%、2.58% 和 4.87%。其中，位于东京中心的港区、中央区、千代田区和涩谷区的人口增速均超过 10%。根据东京都政府预测，这种人口向东京中心区域集聚的趋势将长期持续。港区这个占地约 20 平方公里的地方，2017 年 3 月的人口数达到 25 万人，在过去 22 年间增长 72.9%。

人口的涌入，与东京城区的房价上涨相互验证。2013 年 1 月至 2017 年 7 月，东京中心 6 区的 70 平方米大小的房屋，单价从每平方米 4.4 万人民币飙升至 6.2 万人民币（按照 2017 年 8 月末的汇率计算，即 1 元 =16.67 日元），涨幅超过 40%。

东京的区域差异，决定着东京房价要分区域来看，不能一概而论。即便是在核心的 23 个特别行政区内部，房价差异也很大。以 70 平方米大小的房屋的价格为例，东京中心 6 区与西南 6 区，以及西南 6 区与东北 11 区之间，房价长期存在 1 000 万日元左右的差距，价差相当于城区均价的五分之一[①]。2015 年到 2017 年，这种差距被进一步拉大，中心 6 区与西南 6 区的差距达到 2 000 万日元。

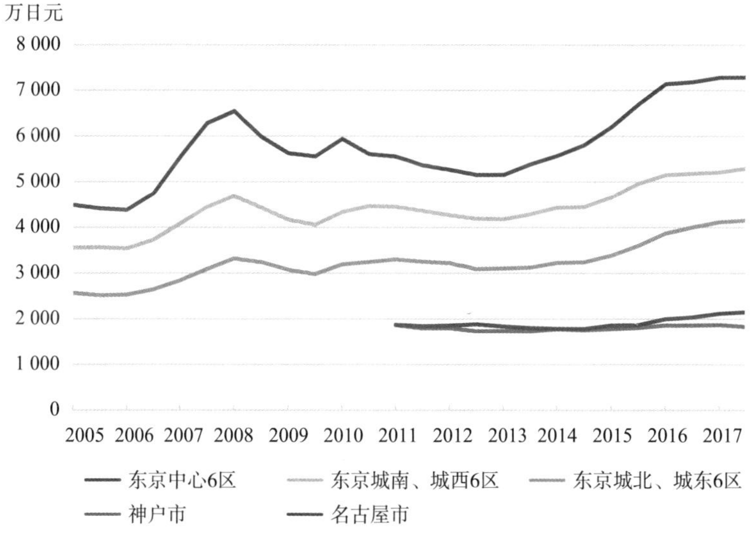

图 12–2　东京 70 平方米的住宅出售均价走势

数据来源：东京不动产鉴定有限责任公司（Tokyo Kantei）

---

① 东京中心 6 区包括千代田区、中央区（一个区的名称）、港区、新宿区、文京区、涩谷区；西南 6 区即城南、城西 6 区，包括品川区、目黑区、大田区、世田谷区、中野区、杉并区；东北 11 区即东京其他的 11 个区。

作为对比，其他大城市如名古屋市、神户市的70平方米大小的房子出售均价自有数据以来，价格稳在2 000万日元（折合人民币约120万元）的水平，近年来也并没有随着东京房价上涨而上涨，价格相当于东京中心区房价的30%，甚至要更低。东京房价印证了那句关于房地产的著名论断：三件事情最重要，位置、位置、位置。

事实上，东京中心区域高端住宅的均价远高于图中水平，约合9.5万元/平方米，建筑较新的中高端住宅的价格在15万~30万元不等。东京中心区域20万元/平方米以上的豪华住宅供不应求。对开发商而言，在东京中心区域寻找合适的开发地块，既能够适配高净值人群需求，又能赚取可观利润，他们非常乐意为之。但是由于很难在东京中心区域找到合适的开发地块，豪华住宅供给实际上相当紧缺，一旦有豪宅上市，几乎都会在竣工前一抢而空。

东京顶级豪宅集中在港区六本木、青山等地区。六本木的4丁目豪宅甚至没有市场公开销售就已售罄，售价约600万日元/平方米（约36万人民币/平方米），价格远超80年代泡沫时期的价格。青山塔的55套公寓也是出来不久便销售一空，价格在250万~650万日元/平方米（约合人民币15~39万元/平方米）不等。

从地产类型看，东京商业地产表现不俗，涨幅超过住宅。东京（23个行政区）办公楼不动产指数在2016年年底达152.6点，超过2007年的次高点（147.5），办公楼不动产价格自2013年年初以来涨幅接近 50%，超过中心区房价涨速。2000—2007 年，东京办公楼上涨了将近 80%。此外，东京中心地区的商业地产交易量从 2016 年开始减少，主要原因是供给不足和估值很高。

办公楼租赁市场需求也非常好，目前办公楼空置率（衡量供需的关键指标）持续下行，从 2013 年 8% 的水平下降至 3% 的水平，全部种类办公楼租金年增速为 3.4%。东京市中心 CBD 地区 660 平方米以上的办公楼租金目前每月超过 4 万日元/坪[①]，折合人民币每年 9.5 万元 / 平方米，这也让东京位列全球第三贵的办公楼租赁城市，仅次于香港、纽约。

东京 CBD 的办公楼成交价根据地段不同，价格区间为 200 万 ~400 万日元 / 平方米，租售比在 1∶200~1∶350 之间，也就是售价是月租金的 200~350 倍，折算年租金是 16~30 倍。近年来，海外机构及个人投资者对东京商业地产充满了投资热情，很重要的一个原因是，对比北京（租售比 1∶600）等国际城市，东京较为合理的租售比可以让投资者在 200~350 个月（16~30 年）的时间里回本。

---

① 坪是日本计量单位，1 坪 =3.3 平方米。

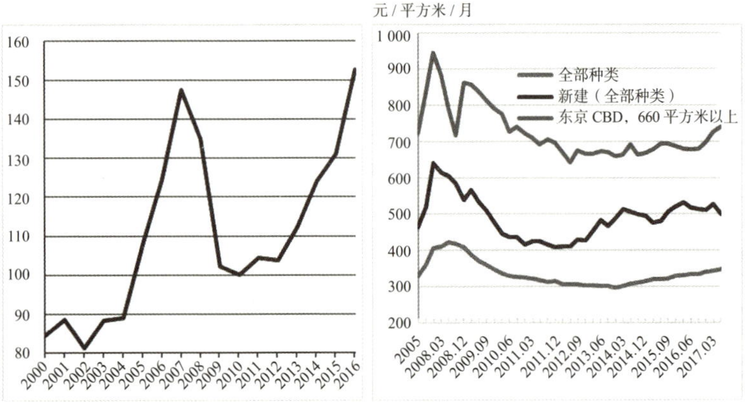

图 12–3　东京办公楼价格指数（左）及租金情况（右）

数据来源：Miki Shoji, Sanko Estate 以及日本国土交通省

值得注意的是，虽然日本政府致力于去中心化、重振其他地区经济，但是仍然无法阻挡人口向东京聚集。重振地区经济是日本长期以来的目标。20 世纪 70 年代，日本政府就曾提出将太平洋沿岸带功能向其他地区转移，但这项计划只是暂时性地阻止了人口向东京流动，后来因为转移地区难以实现就业，吸纳人口自循环，用的是政府支出进行基建，效果并没有持续。而后几十年间，日本出台了多项去中心计划，却都一直不愠不火，效果不佳，逐渐淡出讨论的范围。

2014 年一份智库报告指出，如不采取措施，日本将有 1 800 个市面临消失的命运①。同一年，日本首相安倍晋三再次将区域重

① 增田宽也等 . 日本人口减少问题研究小组 .2014. 地区城市消失问题及社会未来极端分化报告。

振提上日程，公布了税收等一揽子优惠政策，并在2015年给予了4万亿日元的地区振兴财政预算。但此举效果依旧不佳，各级政府激烈反对，截至2016年年底，仅12家公司重新转移了总部所在地。在2017年的财政预算中，更是只字未提去中心化、刺激地区经济等议题。

东京房价构成

一般而言，房价包含地价、房地产税费、建筑开发成本、开发利润等几部分，东京的房价也不例外。在日本这样的竞争市场，开发利润随着成本项加成，因此房价随着前三个成本项目而波动。

土地规划

看土地价格，需得先看当地的土地规划。与我国《城乡规划法》中"任何单位和个人都应当遵守经依法批准并公布的城乡规划，服从规划管理"的规定不同，日本于2002年出台的《城市复兴法》让土地分区变得更加容易，也让私人部门的参与更加积极。在商业用地区，房屋用途几乎可以随意指定——只要土地所有者能够提出修改方案，让该区域2/3的所有者都同意，那么土地用途就能改变，这大幅提高了政府主导的土地分区的效率。2003年，随着放松建筑物外观结构规定[①]、允许提高容积率这两项政策的出台，东京地区出现了楼层更高、楼间距更窄、容积率明显提升的建筑。这一连串的政策直接提升了东京的土地供给水平。在以前沿海的工业用地区，大量的高层公寓拔地而起。

有意思的是，随着限高政策的逐步取缔，位于千代田区的皇居所在地，也难逃被高耸入云的大厦包围的命运。按理说皇居是日本历史的重要象征，且日本皇室还在政治生活中发挥着一定的作用，皇室建筑应该受到保护。但是，相比之下，增加土地供给、满足市场需求的力量似乎更为强大。最终，与皇居所在地一街之隔的，是超高层建筑耸立，并不断修建、增高的丸之内商业街。

回顾历史，东京的土地规划其实经历了一个变化的过程。日本在 20 世纪 80 年代经历了房地产泡沫，其中一个重要表现是当时随着地价的不断上涨，土地所有权与土地用途不断集中。当时，东京 60% 的土地其实是归 3.2% 的大户业主（即拥有 2 000 平方米以上土地的个人或公司）所有，这些业主主要为大型企业或财团。他们购买土地的方式主要通过银行贷款，当时日本宽松的金融环境以及日本央行长期的低利率政策为他们加杠杆提供了温润的土壤，于是他们不计后果地融资圈地，建造写字楼或购物中心。1972—1990 年，东京中心区办公楼的楼面面积上升了 74.3%，最

---

① 新的标准 Sky Exposure Criteria 替换了之前对建筑物外观的细节硬性规定。在新规下，只要能保证对相邻建筑物的日照、通风及其他环境的影响小于或等于原来标准，开发商就可以自由设计。

终导致办公楼供给过剩。

日本房地产泡沫破灭后，地价开始大幅下滑。购地企业屯着大量闲置的办公用地，面临巨大还贷压力，导致银行系统开始出现大量坏账。压力之下，政府逐步放松对楼市开发的限制，调整土地规划政策，让私人部门更加积极地参与到城市规划、建设中去，以振兴经济，最终有了 2002 年《城市复兴法》的出台。

宽松的地产开发环境，加上日本土地的私人永久所有属性，让土地所有者有权自由处置、出售、出借土地，或者自由地推倒重建，而开发商、政府均无权干涉。这也使得东京房屋修建率极高。2016 年东京 14 万户新建住房开工，而美国纽约州同年的新建住宅套数仅 3.4 万套。在东京市区，建筑工地几乎随处可见——常常可见在高楼间狭小的空地上，或者摩天大楼的顶上，在施工。

土地价格

在东京不同区域之间，住宅用地价格分化明显。2004 年以来，东京都住宅用地的平均单价在每平方米 50 万日元上下微幅波动，而东京 23 个特别行政区的住宅地价波动较大，涨幅也较大。以东京中心三区平均住宅地价为例，2013 年以来这三区住宅地价持续上涨，千代田区住宅地价 4 年累计涨幅为 33%。中心区的地价上涨，与人口向此聚集以及土地供应有限有关。即便是尽力增加建筑高度，从而增加有效供地面积，还是不能完全满足需求，导致价格不断上涨。

日本全国的土地价格差异也很大，并且涨跌互现。涨跌区域最明显的区别在于是否在交通、商场的行走半径内。根据日本国土交通省公布的数据，东京核心区住宅、商业用地在近四年累计涨幅超过25%，年均同比涨幅超过6%。这些区域地价的持续上涨与日本经济变好、办公楼空置率低、需求走强有关。而一些核心商业地块的价格更是持续走高，东京银座附近的多块商业用地2017年初同比涨幅均在25%左右。比如山野银座地块的最新测评地价为300万元/平方米，较2016年上涨25.9%，自2002年以来累计上涨241.2%。

房地产税

如果在东京购买一套5 000万日元的房产，获得房屋及其所占土地的所有权，加上中介费、不动产购置税及印花税等税费，购房人需支付的款项实际约为5 229万日元（如表12–2计算）。其中，购置税占房款的4.58%，不动产税占1.4%，市政建设税占0.3%。同时，对于不动产税和市政建设税，每年征收一次，每3年对税基资产进行一次重估，对土地、建筑物等均征税。不论购房者是否拥有日本国籍或者是否居住在日本，这些税费是都需要缴纳的。虽然购房者在买房后每年缴纳的额度总共为重估价的1.7%，似乎并不是很高，但是如果做一个测算的话，结果就不大相同了。将这套价值5 000万日元的房产，按“3 000万日元建筑＋土地”的不变重估价折算70年，折现利率为日本主要银行贷款利率（1%），则不动产加上市政建设税的总额折现价约为 2 560 万日元，直接将这套房产的实际支付款项提高了 51.2%。由此可见，在做地产的跨国价格比较时，房地产税的影响不容小觑。

表 12–2　东京购买房产实际支付价款及每年税收支出

	计算逻辑	价款（万日元）	税率及征收基准
房产价格		5 000	
中介费	=（5000 × 3%+6）× 1.08	168	买卖房屋都有中介费，政府规定最高征收额，一般中介均按最高额收费。中介费 =（3% ＊房产价格 +6 万日元）（1+ 消费税率）
不动产购置税	=1000 × 3%+ 2000 × 1/2 × 3%	60	都税事务所每年 1 月 1 日对不动产市场价格进行评估，按房屋、土地份额评估价的 3% 征收（商业地产税率 4%）。假设政府对房屋评估价是 1 000 万日元，对整块土地的评估价是 25 000 万日元。如果该房屋实际占地份额为 1/12.5，则该房屋所占土地价值为 2 000 万日元。注意不动产购置税对土地征收价为评估价的 1/2。
印花税	按档征收	1	按价格档位征收，本档位征收 1 万日元
购置时需支付		5 229	

（续表）

	计算逻辑	价款（万日元）	税率及征收基准
每年需缴纳的不动产税及市政建设税额			
不动产税	=1000×1.4%+2000×1.4%	42	税率1.4%，按都税事务所评估价征收，每三年重估一次
市政建设税	=1000×0.3%+2000×0.3%	9	税率0.3%，按都税事务所评估价征收，每三年重估一次

日本的房地产税政策是由中央政府决定的，但对资产进行评估，以及对房地产税的征收都是由日本地方政府来执行。通常，地方政府拿走52%的税收收入。房地产税的税基并不是业主收入，而是资产重估价。随着日本经济下行，业主失业或由于资金紧张而不能缴税的情况时有发生。此时，业主通常将偿还抵押贷款的义务排在缴纳不动产税费前面。遇到这种情况，地方政府通常会适当减免业主负担，或者直接从业主储蓄账户中扣款。

建筑开发成本

日本新建房屋的定价通常是基于购地成本、建筑成本、销售利润三项相加。2012年以来日本的建筑成本一直在上升。2016年日本建筑成本平均为19.7万日元/平方米，部分推动了房价上涨。建筑成本跟房屋类型相关。2016年，酒店、餐厅等建筑成本平均为33.9万日元/平方米，同比上涨29.4%，涨幅更大。

建筑开发成本的上升是多方面因素造成的，行业内劳动力缺口大、人工成本快速上涨是东京地区建筑成本上升的主要原因；全日本范围内对酒店、2020 年奥利匹克场馆修建的需求也推动着建筑成本上涨。另外，原材料价格的不断走高，在未来可能会进一步推高建筑成本。

东京购房的人和事

商业地产：房地产投资信托基金和海外投资者是购房主力

东京商业地产成交非常活跃，成交金额常年稳居亚太地区前列。以 2017 年第二季度为例，往前滚动 12 个月的商业地产成交额总计 141 亿美元，在亚太地区名列前茅，仅次于上海，超过香港和首尔。其中办公楼、商业公寓、商业零售的占比最大，分别为 69%、12%、12%。

根据 2017 年前两个季度的大宗交易明细，大买方主要是两类投资者：1. 日本 J-REITs（Japan's real estate investment trust，房地产投资信托基金）；2. 海外投资者。根据德银测算，有 58% 的交易由 J-REITs 完成，14% 由海外投资者购入，这个比例自 2014 年以来变化不大。另外，大量的办公商业地产交易集中在品川区等东京沿海地区，而东京中心地区由于商业地产供给不足，反而成交宗数较少。另外近年来海外旅客数量的持续增加，也刺激了酒店地产的投资和成交额上涨。

J-REITs 是日本房地产市场的投资主力，其通过 IPO、再融资、发行债券等方式在日本境内或海外募资，投资日本不动产市场。日本地产交易的 60% 份额由其完成，为日本城市建设、经济重振起到了关键性的作用。另一方面，也正是 J-REITs 的大量买入，办公楼、零售地产的价格才如此坚挺。日本央行也大量买入 J-REITs 作为量化宽松的手段之一。J-REITs 受到国土交通省、东交所、日本财政多部门的严格监管，规模大、流动性高、收益稳定，年化平均分红收益率近期在 3.5%~4%，有一些国债的性质。目前 J-REITs 与日本 10 年期国债收益率差异进一步拉大，吸引了大量本国及海外投资者购买 J-REITs 基金。

J-REITs 与 10 年期国债收益率之差由多方面因素引起。首先，东京房地产市场的持续回暖是主因。东京 CBD 办公楼空置率持续走低，租金年均上涨 4.3%，基本面的改善提高了 J-REITs 收益率。其次，日本持续的低利率环境，让投资者对较高收益的地产市场充满了兴趣，推高了地产市场的价格，增加了 J-REITs 的资本收益，间接提高了分红比例。在如此之高的收益率的前提下，即便 J-REITs 未来收益率下降，降到 2% 左右，考虑到其安全性和流动性，仍然会较 10 年期国债更有投资吸引力。

海外投资者对东京地产的兴趣，受到日元汇率、日本地产价格变化的影响。2014—2015 年日元相对较弱、日本地产价格相对便宜，海外买家对日本商业地产交易的贡献高达 18%，一年的成交额约 60 亿美元。另外，随着我国一二线房价的上涨，总价 100

万~200万人民币的住房是很多中国个人投资者可以承受的数字，近年来也有大量中国买家涌入东京及周边地区。与加拿大、澳大利亚等国不同，日本对海外买家收税政策一视同仁。虽然目前日本地产价格较2013年已上涨30%~40%，但日本银行对海外买家贷款政策开始松动，贷款政策吸引了大量中国买家。

另外，在负利率面前，日本养老金及其他一些机构投资者也在过去几年间慢慢的开始在房地产资产上建仓。对这些机构投资者而言，地产投资虽然有一定风险，但是在低利率环境下，地产投资的收益率依然稳定、较高，使得他们有强大动力去争取比债券、股票更高的资产收益。

住宅市场：利率下降，半数出租

2016年东京都的新修住房的房价收入比为11.46，东京市区的为17.49。与香港、北京近40倍的房价收入比相比，东京房价的可支付性要好得多。更重要的是，近年来日本央行积极地采取宽松货币政策，加上商业银行之间的激烈竞争，使得日本房屋按揭贷款利率一降再降，人们甚至可以选择在35年的期限内锁定极低的按揭利率，极大地降低了住宅的实际支付成本，吸引了日本本土购房者，特别是首次购房者的兴趣。以一个价格在300万元的房子为例，首付100万元，贷款200万元，如果贷款利率是1%，贷款期限为35年，那么月供只要5 500元；如果贷款利率涨到3%，那么月供为7 700元，直接飙涨40%。对一个普通家庭而言，每月节约 2 200 元的固定支出，是个很大的数目。近年来，日本住宅地产的繁荣与低利率环境有很大关系。

随着东京地区，特别是市区、中心区房价近年来的持续上涨，普通家庭收入很难跟上不断上涨的房价，需求群体，特别是 25~44 岁的年轻人群的买房意愿不断下降。与之相应的是租房需求的稳定增长，特别是在东京城中心、公共交通便捷的地方。根据日本总务省的测算，东京流入人口中，有 90% 的年龄分布在 20~29 岁之间，而儿童和 64 岁以上的老人则持续流出。持续涌入的处于工作年龄的年轻人，为东京租房市场创造出稳定的需求。

从房租供给端看，金融危机后东京地区平均每年新增 14 万套的新房供给，其中约 50% 的新房是用于出租的。2015 年，安倍政府提高了遗产税税率，其直接的结果是让大批富人竞相投资高层公寓用于出租。因为高层建筑单位房间所占土地的估价税基大幅低于低层豪宅，进而大幅降低了遗产税的征收税额，所以很多投资者选择投资高层住宅用于出租，以规避遗产税。日本央行在 2017 年年初的一份区域经济发展报告中，指出规避遗产税、寻找更高资产收益率，加剧了日本房租市场的供给繁荣。

在住宅地产市场上，J-REITs 等机构投资者也是投资主力，每年投资额占比均超过 50%。租房房客对这类型机构投资者打理的住宅资产的租用需求很高：大城市 J-REITs 资产的租用率在 95% 左右，而在东京 23 区，这类型资产的租用率高达 96%~98%。由于稳定的需求，J-REITs 在住宅地产上的投资收益率在 4%~5% 之间，高于其在商业地产上的投资收益率。

随着租房需求的上升，东京的住房租金也呈现增长的趋势，且区域间分化明显。2008 年金融危机以来，东京房租先降后升，在 2012 年开始反弹。不管房价是下降，还是上升，东京中心 5 区（除去文京区）的租金都表现出较强的韧性，下降得少，上升得多。相对于东京整体房租市场的平均水平，中心 5 区的房租持续表现出高溢价。另外，东京南部和北部中心区的房租也有较高溢价，主要是受益于这些区域非常便捷的交通。

从房租绝对值来看，东京中心 5 区的房租目前是每月 4 200~4 300 日元 / 平方米。如果租用一套 70 平方米的住宅，月租金约为 30 万日元，折合人民币约为每月 18 000 元。相比之下，目前北京、上海市中心的房租还是要低很多，不到东京的一半，还有很大的上涨空间。

与中心区形成鲜明对比的，是非中心区供给过剩，空置率较高，房租上涨缓慢。东京 23 区的总体房租增速并不快，高房租和房租快速上涨主要是中心 5 区的事情。在东京郊区，房屋空置率高达 30%~40%，而且房东每月都需缴纳不少的管理费、修缮基金及不动产税等，这些地区的房租收益率堪忧。

东京房产的投资收益率

最后，我们来测算一下在东京购房的投资收益率。如果在东京投资一套70平方米大小的公寓用于出租，假设房子在中心6区，房屋总价为7 300万日元（约440万元），每月租金为30万日元（约1.8万元），那么租金收益率（年租金收入/房屋买价）约为5%。东京23区的收益率差不多，房价便宜的地方租金也便宜。扣除每年房产持有人需要缴纳的1.4%的不动产税、0.3%的市政建设税，再扣除管理费、修缮费等费用，也就是各种税费附加每年2%的净租金，收益率约为3%。

房产投资的另一部分收益是房产升值。房产实际升值大小取决于未来的变化，老龄化、人口流动等因素都很重要，很难准确估计。为了理解这一概念，暂且假设所购价值7 000万日元的房产的年均增值率为5%，这个速度不低，高于过去10年的平均增速（2.6%）。持有5年内，东京地产升值的资本所得将缴税30%，5年后缴纳15%。为了省税，假设持有6年，税率以15%计算。

持有6年，累积的房价上涨收益率是30%，扣除资本所得税之后是25.5%。值得注意的是，买房、卖房时的中介费、律师费、消费税等也是不小的支出，约占价款的4.5%，折算下来实际资本利得只有16.5%，折合每年2.75%。每年缴纳的不动产税、市政建设税、管理费及修缮费等以2%的比率计算，实际每年得到的投资收益率只有0.75%。也就是说，看得到的30%的升值率，实际到手只能拿到4%~5%，年化利率约0.75%。如果买家不是日本居民，在投资收入汇出国外时，还需上缴20.42%的所得税，最终的净收益率约0.6%。另外，汇率波动带来的风险和收益，因为涉及汇率的预测，此处并没有将其计算在内。

简言之，看起来不错的资本增值率（5%），因为要扣除持有成本（2%）、买卖交易成本（1.5%）、资本利得税（0.75%）、收入出境税（0.15%），最后所剩无几（0.6%）。拉长持有时间，会将交易费用摊销到多年，比如从1.5%降到0.5%（相当于持有20年左右），再假设所得不汇出日本，免掉0.15%的出境税，则收益率增加到1.75%。

假设投资者是中国公民，如果投资日本房产只是用于获取租金收益，则每年3%的净租金收益率略高于我国两年期定期存款收益率（2.25%），低于我国国债收益率（3.5%左右）、货币基金收益率（4%）和一年期理财产品收益率（5%）。进一步考虑房租的对抗通货膨胀的能力，租金收益率和我国的国债收益率差不多。如果是用于保值增值目的，则需注意看到房价增值与实际到手的资本回报相差巨大，到手回报只是增值的一小部分。考虑到东京人口流入趋势可能在2030年左右减缓，那时东京房价的增速也可能放慢，日本房地产的资本收益率还会降低。

从城市化阶段和发展水平的角度来看，东京房价增长幅度大概率小于我国一线城市和热点二线城市。而如果投资离东京市区较远、非交通枢纽地区的房产，虽然价格相对便宜，但从目前已经出现的较高空置率来看，想要出租、出售的困难很大，这些地区的净租金收益将大幅低于3%，资本利得年化收益率也会相应降低。

第十三章

首尔地产：历史的一面镜子

韩国的面积和人口，与我国浙江省相仿。韩国的工业化、城市化和住房政策，也都和我国有诸多相似之处。韩国房价在快速城市化的过程中（1970—1990 年）上涨迅速，涨幅与我国房价在过去 20 年的涨幅相仿。在 1990 年到 2000 年的 10 年间，韩国大力扩大供给，抑制需求的政策，取得了不错的效果。2000 年以后，随着利率降低，以及对抗经济下行的宽松政策的推出，韩国房价再次上涨，加重房产税也没有能够阻止房价的上行。

首尔：北京的一面镜子

首尔位于韩国西北部，占地面积约 605 平方公里，居住人口 1 000 万左右。北京五环内面积 667 平方公里，五环内常住人口

1 098 万（依据北京市统计局调查结果）。不管是地域还是人口，首尔城区和北京五环内城区都很相近。进一步比较的话，首尔都市圈的面积与人口，与北京全境的面积和人口，也很相似。

除此之外，韩国与中国的经济变迁，也有很多相似之处。韩国经济快速增长、城市化快速推进、房价快速上涨的种种现象，甚至包括韩国政府调控房地产的方式，也与我国有很多相似之处。

20 世纪 60 年代，韩国进入了快速工业化的时期。在短暂的 30 年间（1960—1990 年），韩国实现了快速工业化和城市化进程，被称为“汉江奇迹”。1960 年，韩国人均 GDP 仅为 158 美元，1992 年达到 8 000 美元，1994 年人均 GDP 超过一万美元，进入高收入国家行列。与此同时，韩国也从 20 世纪 60 年代农业占经济主导地位的国家，跻身为全球前五汽车制造、前二船舶制造、重要半导体制造的大国。1996 年，韩国加入了 OECD，被视为发展中国家成功迈入发达国家行列的典范。

在高速增长过程中，尽管首尔房价快速上涨，但是人口还是不断向首尔聚集，造成了交通堵塞、环境污染、城市资源紧张等诸多“城市病”。从 20 世纪 80 年代起，首尔实行了类似于北京的疏散人口战略，疏散首尔首都功能，减少人口和产业集中。1982 年，韩国全斗焕政府颁布了《首都圈整备规划法》，将首尔、仁川和京畿道，以及首都圈电铁所和其他区域定为首都圈（约占国土面积的12%），通过强制性措施限制首尔人口[①]，以缓解首都压力。韩国首都圈功能疏解战略前后经历过三次“首都圈整备规划”。截至2015年年底，韩国首都圈占地面积约为1.1万平方公里，总人口约2 527万，相当于韩国总人口的50%。作为比较，北京全境面积约为1.64万平方公里，总人口约为2 173万，考虑到北京三面环山，山地面积较大，以及总人口存在被低估的问题，北京全境和首尔都市圈的状况其实非常接近。

更有意思的是，一直以来，韩国政府对于房地产行业的调控非常密集，这和我国的情况也非常类似。曾经的卢武铉政府（2003—2008年）几乎每个月都会出台政策对房地产进行调控。2008年金融危机后，韩国政府曾密集出台近50项调控措施，简直就是我国2016年10月以来密集调控房地产的预演。在发达国家的房地产市场中，这样的密集调控是难以想象的。从土地规划、交易，到公共住房供给，再到房地产投资、交易、贷款、税收等各个环节，韩国政府形成了一整套调控政策体系。

进一步来说，韩国的房价与韩国GDP、工业生产指数关系非常密切。1990—2016年，韩国房价与GDP、工业生产指数的相关系数高达0.938、0.939。这样高的相关系数，显示了房价与经济基本面的高度同步性。在我国，房地产价格变化与经济周期的相关

① 具体措施包括责令污染企业搬出首尔，实施公共机关疏散计划，限制人口集中诱发设施（大学、工厂、写字楼、商用建筑物），以及大规模开发项目（工业用地、旅游地）的建设。

性也很高。

总体来看，韩国的经济增长和房地产发展，在基本面、政策面与我国有很多相似之处，这对理解我国城市发展与房价规律有很大参考价值。

汉江奇迹：从落后的农业国到先进的工业国

20 世纪 60 年代初期，韩国农业占 GDP 的比重仍旧高达 40%。韩国经济的转折与腾飞，始于朴正熙时代（1963—1979 年）。

1961 年，朴正熙通过军事政变掌握了政权。他军人出身，在政府管理中注入了军人文化，以类似“独裁者”的身份，集结、调动国内所有资源，将“经济发展第一”作为政府工作核心目标。随后，韩国迎来了快速的工业化时代。20 世纪 60 年代至 70 年代，韩国首先发展劳动密集型产业，依靠廉价的劳动力，重点推动纺织品、玩具等劳动密集型产品出口，拉动 GDP 以超过 9.5% 的增速增长①。几年之后，随着工资上涨，大量依靠人力的产业开始逐渐丧失竞争力，政府开始支持、推动资本和技术密集型产业发展。从 1971 年开始，韩国政府将船舶、化学、电子、钢铁、装备制造和有色金属列为战略性支柱产业，引导财团进行大量资本投入，韩国经济随之进入了重化工业发展阶段。据统计，1973—1979 年，有 75% 以

① 参考世界银行实际 GDP 增速数据。

上的资金投入了以上六大产业。在这一时期，韩国 GDP 的平均增速高达 11%。到 1980 年，电子产品、钢铁占据出口主导地位。

此后，韩国多个产业采取了“代工生—技术转移—技术创新”的发展路径，汽车、半导体、电脑、手机、显示器等新兴支柱行业不断出现。[①]在政府战略性扶持下，一批有国际竞争力的大企业，如现代、三星、LG（乐喜金星集团）等企业开始在各个领域称霸世界。韩国三类产业占 GDP 比重不断变化：第一产业（农业）在经济中的份额不断减少，第二产业（工业）占 GDP 的份额从 10% 上升到 40%，随后第三产业（服务业）接力，份额不断上涨，实现了产业升级，促进了经济快速发展。

韩国的经济腾飞过程，与快速城市化进程交织在一起。随着工业化浪潮，配合着农村的新村运动，韩国在 1960—1990 年这 30 年间快速完成了城市化进程，城市化率从 28% 提升至 80%。从 20 世纪 60 年代末起，韩国人均 GDP 以年均 9.7% 的增速，连续增长了 30 年，创造了从落后的农业国发展为先进工业国的“汉江奇迹”。

---

① 韩国汽车产业在 20 世纪 60 年代以组装进口零部件生产整车为主，70 年代韩政府制定了“汽车工业基本育成计划”进，80 年代汽车快速生产扩张，出口规模持续扩大，使韩国成为全球重要的汽车出口国之一。韩国半导体产业 60 年代以器件封装为主，80 年代 LG、现代等企业开始涉足，半导体产业初具规模，90 年代随着电子产业的发展，韩国半导体产业进入增长的黄金时期。另外，韩国电脑及相关产业链兴起于 90 年代，智能手机产业于 2000 年成为全球领先者。

首尔房价：一个历史的缩影

韩国国土总面积10万平方公里，总人口5 125万，人口和面积都和浙江省差不多，大约一半人口聚集在首尔都市圈。由于人口和经济活动的高度集中，首尔房价是韩国房价的一个缩影。

看首尔的房价，宛如看一幕电影。荧幕上影星们的喜怒哀乐，折射的是大时代的起起落落。而首尔房价的起落，则直接折射了韩国的经济与政策的变化。

韩国房地产市场的发展，可以分为三个阶段：首轮上涨阶段（1970—1990年）、稳定发展阶段（1991—2000年）、二次上涨阶段（2001年至今）。

首轮上涨：快速工业化、城市化推动（1970—1990年）

根据公开的房价资料，首尔房价经历过两轮大幅上涨。首轮上涨从20世纪80年代中期开始，到1991年结束。1986—1991年，首尔房价整体上涨130%，年均涨幅为23%。实际上，这一轮房价上涨最早可追溯到20世纪70年代末，据韩国国土开发研究院资料来算，1975—1979年，首尔房价年均涨幅已高达33%，总计涨了210%。这样算起来，1970—1990年，首尔房价总共上涨了约7倍。这一涨幅，比我国1998年房改以来北京的房价涨幅，并不逊色多少——近20年，北京的房价大约涨了10倍。

首尔的这一轮房价上涨，是经济增长及人口聚集的直接结果。

从 20 世纪 70 年代末开始的 20 年，是韩国经济腾飞的窗口期，当时韩国致力于实施“重化工业发展计划”。随后，韩国的纺织、钢铁、石化等产业开始崛起，后端的汽车、电子、机械等制造业也开始快速发展，韩国人均 GDP 更是从不到 1 000 美元迅速跨越 5 000 美元的门槛。大量农村人口向首尔迁徙，首尔人口急剧增加。1960 年首尔人口仅有 240 万，而到 1990 年时首尔人口已逾 1 000 万。在此前景下，凭借着低息的货币政策环境，又加上 1988 年首尔奥运会的契机，首尔开始大搞房地产开发。1988—1990 年，首尔的地价年平均涨幅高达34%。房地产投资在1991年达到顶点。

扩大供给、抑制需求：房市稳定发展阶段（1991—2000 年）

1990 年后的 10 年，首尔发展相对缓慢，主城区的人口开始净流出。在此期间，首尔每年人口净流出数量约为 16 万，并在 1995 年达到峰值（30 万）；到 2000 年，首尔人口跌至 1 000 万以下。

首尔人口的下降，看起来似乎为控制人口的政策进行了背书。其实，仔细观查可以发现，流出的人口是从首尔向外围的首都圈的迁移，相当于从北京的五环内，向五环外、六环内迁移。首尔流出的人口，大部分流入京畿道，围绕在首尔周边。这一迁移，源于韩国政府的新城市开发策略，其目的是解决首尔功能集中以及人口拥挤问题。卢泰愚政府（1988—1992 年）开展了建设五个 200 万户新城镇计划，在离首尔市中心 25 公里左右的盆唐、一山、山本、坪村、中洞建设了五个新城镇，其中三个新城被规划为中央商务区。这些新城距离首尔市中心不算特别远，大约相当于北京的通州区到天安门的距离。这几个新城，各种配套设施完善，居住环境、空间也较首尔市内有很大改善，所以很多居民选择住在新城，工作在首尔。

从结果来看，新城市开发策略大幅增加了首尔的房屋供给。从韩国国家统计局的住房供给数据来看，1985 年韩国住房存量为 610 万套，到 2000 年这一数字就达到了 1 100 万，每年新建住房套数从 25 万套跃升至每年 60 万套。这十多年的韩国住房供应量的增加，是首尔房价平稳的最主要原因。

在需求侧，韩国政府也进行了严格的调控，具体措施包括三个方面。首先，由于地价、开发利润是房价构成的主要部分，韩国政府出台了多项政策对这两部分进行调控。为了抑制土地价格过快上涨和土地投机行为，韩国政府出台了《宅地所有上限法》和《土地超过得利税法》，前者规定了土地所有人的最高限额面积（城市私人占地面积上限为 660 平方米），后者通过提高资本利得税以打击投机行为。新城的规划和开发也由政府主导。在新城建设之前，韩国政府就以公众的名义征收了大量土地，后交由国企负责土地一级开发，有效减少了房地产投机行为。韩国政府还根据土地、标准建筑成本、企业利润，设定了新建住房的价格管制上限，挤压开发利润，对房价进行价格管制。

其次，在这一阶段，韩国政府全面征收土地综合税和土地增值税以打击囤地行为，这在一定程度上减弱了房地产市场的投机氛围。此后，金泳三政府（1993—1998 年）全面实施了不动产实名制，飞跃性地提高了房地产交易的透明度，防止了交易过程中的偷税、漏税及投机行为。

再次，韩国的房贷市场发展滞后，而且贷款条件苛刻。韩国早期的房贷市场由国家住宅基金主导，为中低收入人群提供低于市场利率的贷款。在这种环境下，面对超额资金的贷款需求，国家住宅基金不得不增加一些非利率条件来加以抑制，算是一种形式的信贷配给（Credit Rationing）。与此同时，每个家庭还有严格的贷款上限，且新房不允许贷款。在各种因素作用下，韩国整体房贷金额与房产价值之比不足 30%。到 1999 年，能申请房贷的家庭也只有购房家庭的 50.8%。

在正规金融无法解决房地产贷款需求的环境下，韩国特有的租赁方式——包租发展迅速。在包租制度下，承租人可以向业主支付房屋市价 50%~90% 的保证金，然后免费居住，租约到期后业主退还承租人所缴的保证金。这相当于承租人给业主资金去购买第二套住房。到 1997 年，包租保证金估算值为 108 万亿韩元，远超 64 万亿韩元（折合 674 亿美元）的存量房贷规模。

在增加供给与抑制需求双管齐下的政策下，这十年的首尔房地产市场表现稳定，只在金融危机后稍有下调。但在 1997 年亚洲金融危机爆发后，韩国经济造成重创，人均 GDP 下降了 30%。1998 年韩国住房建设套数同比锐减 49%，很多房地产开发商因为资金出现周转问题而面临破产。在这几年里，随着土地、房地产减值，房地产市场开始变得萧条。

市场重振：房产税未能抑制房价上涨（2000 年至今）

首尔房价的第二轮上涨从 2000 年开始。1997 年亚洲金融危机爆发后，韩国央行实行低利率政策来刺激经济复苏，韩国政府也开始减免房地产交易的转让税，以活跃房地产交易，实施多种税收优惠政策，促进民间住房供给。这样一来，大量资金开始重新进入房地产市场。2001 年、2002 年的首尔房价同比涨幅分别达到了 20%、31%，住房投资占 GDP 的比重回到 6.7% 的高点。房地产和制造业的复苏，带动韩国经济走出了金融危机的泥潭。

在这轮上涨中，首尔市区一套房子一夜暴涨千万韩元的故事不断上演。2003 年上台的卢武铉政府，采取了收紧房地产的政策，抑制房价过快上涨。除了在供给端加码，推出筹资建设 100 万套针对低收入家庭和无房户的住房政策之外，最主要的改革是来自于税收。2005 年韩国政府出台了“综合不动产税”，意在打击持有多套房的投机现象，抑制对大型、高档型住宅的需求。综合不动产税的税率为 1%~3%，实行累进税率，房产价格越高，持有税率越高，征收对象为房产总价值超过 6 亿韩元的家庭。另外，韩国政府还增加了房地产转让税率，对持有多套房产的业主，在转让交易过程中，征收 30% 的资本收益税。到 2007 年，对持有 3 套及以上房产的业主征收的住房转让资本收益税已提升至 60%。

然而，这一轮以税收改革为主的调控，并没能稳定首尔房价。

首尔房价以年均 13% 的涨幅持续上涨，直至 2008 年 9 月全球金融危机爆发。

在这一个阶段，韩国政府对房地产市场的调控政策发布得非常密集，既不希望房地产价格过快上涨，又希望房地产能在经济萧条时带动经济增长。2008 年金融危机过后，由李明博执政的韩国政府（2008—2013 年）再度放松房地产的紧箍咒，实施了“房地产推动政策”。其中，将房地产转让税降至 30%，把综合房地产税征收门槛提至 9 亿韩元等措施相继铺开。2012 年韩国房地产交易再次陷入低谷，月均成交套数不足 6 万套，各类型房产成交量均下降一半以上。对此，韩国政府随即公布了多达 46 项的房地产振新政策，房市开始重振。从 2012 年冰点至今，首尔房价涨幅接近 40%。

首尔住房市场近况

首尔目前的住房均价为 5 200 美元 / 平方米（折合人民币 3.45 万元 / 平方米），较 2013 年中旬上涨 21%，绝对价格是全国住房均价的 2 倍。以汉江为界，首尔分为江南与江北。江南地区的人口与面积均超过江北地区，多数高收入人群聚集于此，两地的房价从 2002 年开始逐渐分化，差距不断增大。目前江南地区一套公寓的均价约 650 万元，各类住房均价折合 4 万元 / 平方米，而江北地区的公寓均价大约为 300 万元，各类住房均价比江南低 30%。过去几年，江南地区的住房均价涨幅为 25%，而江北地区仅有 13%。

与此同时，首尔区域内的房价分布根据地域、房型显示出巨大的分化：好地段的房产受人热捧，而偏远区域的楼市无人问津。例如，对于最受欢迎的99~132平方米的公寓，首尔各区之间的价差达3倍以上，江南区均价折合人民币约6.5万元/平方米，但是北部道峰区的均价只有1.9万元/平方米。首尔江南区遍布谷歌、IBM（国际商业机器公司）等巨头驻韩总部，对于小户型的需求很大，该区内66平方米以下的公寓均价高达10万元/平方米。

刚才说的都是普通住宅，而首尔的豪宅市场又是另一番景象。韩国明星们喜欢住在江南区，该区高档房产的价格约15万~20万元/平方米，而最贵的则可高达1亿韩元/平方米，折合人民币约60万元/平方米。

普通住宅的价格水平，和北京和上海的房价差不多，你可能会觉得首尔的房价也不算贵。其实，需要仔细想的是，首尔的比较对象，可能不应该是北京、上海，而应该是杭州这样的发达省份的省会。毕竟，韩国的人口和面积只是和浙江省差不多，考虑到浙江作为发达省份的人口吸附能力，未来浙江的经济体量和人口总量最终会超过首尔——倘若把杭州和首尔相比，我们会发现杭州的房价还有很大的上行空间。

过去4年间，首尔人均收入累积涨幅为8.5%，而房地产价格增速高达20%甚至更高。房价快速上涨的背后，是低利率环境，以及此前朴槿惠政府对于楼市的政策刺激。2013年以来，韩国基准利率维持在2.5%以下。朴槿惠政府上台后，连续推出了恢复房地产市场正常化对策（4·1对策、8·28对策）、房地产活性化对策（7·24 经济政策、9·1 对策）。其中，强有力的楼市政策包括首次购房者免除购置税、转让税限时免除等措施。另外，从 2015 年 4 月开始，韩国住宅重建的法律规定年限从原有的 40 年缩短至 30 年，更多的住房获得了重建资格。

宽松的政策加上低息环境，让 2015 年以来的首尔房市非常热闹。持有多套房产的业主追加购房的比重在最近几年增加了 2 倍，江南区甚至出现了 400 多人竞购一套房的现象。火爆的购房需求使得黄金地段的房价迅速攀升，甚至出现一夜暴涨 1 亿韩元的情况。看来，这几年的房价上涨，并不是中国特有的现象——首尔、东京和纽约的房价都出现了大规模的上涨。

而首尔住房自有率[①]自 2005 年以来持续走低。韩国国土交通部对首尔居民居住实情的调查结果显示，首尔自有房比率为 40.2%，包租比率为 32.1%，两者均从 2008 年金融危机后持续下降。但结果同时显示首尔的月租比率有所上升，这说明更多的首尔人租房，而不是买房。横向比较来看，首尔目前的住房自有率（40%）与香港（51%）、东京（46%）相比仍然偏低，但高于纽约（32%）。一个城市的住房自有率由多方面因素决定，传统文化倾向、支付能力（房价收入比）、房贷松紧、经济景气度等，均对其有所影响。随着首尔房价不断走高，房价收入比逐渐增大，加上房贷进一步收紧，未来首尔的住房自有率将进一步下降。

---

① 指居住在自己拥有产权住房的家庭户数占整个社会住房家庭户数的比例。

近年来因为房价太高而“逃离首尔”的现象，在韩国是真实存在的，并且人数还不少。据首尔市政府公布，2015 年首尔有 13.7 万人口净流出。不过，同在首都圈的京畿道，则发生了大约同等规模的人口流入。从首尔流出的人群中，60.2% 的人搬去了京畿道，61.8% 的人逃离的主要因素就是首尔房价太高。首尔附近的京畿道和仁川的房价不到首尔均价的一半，所以很多人选择迁至这两个地区。这对中国的一个启示是：倘若在大城市附近 20 公里左右的半径上，也就是大约从通州到市中心的距离，建设大规模的聚居区，形成城市副中心，对于缓解主城区的人口压力，可能是有益的。但需要防止的情况是距离过远、通勤时间过长，反而起不到分流人口的作用。

在房价不断上涨的同时，韩国居民的负债也快速攀升。2017 年第一季度末，韩国居民负债总额为 1.25 万亿美元，占居民可支配收入的 153%，负债的主要项目是购买房产。此时，习惯于搞调控的韩国政府再度出马，于近期出台了史上最严楼市调控政策，包括提高交易资本收益税、严格审查家庭贷款、提高贷款利率、提高首付比例，以及限制贷款购房额度等。其中，限贷措施将贷款购房的最高价格标准从 9 亿韩元降低至 3 亿韩元，贷款额度上限从 5 亿韩元降至 1 亿韩元，要求在首尔贷款的购房者年还款额度不能超过年收入的 50%。在这些组合拳的暴击下，短期内首尔贷款购房的记录几乎为零。这一系列调控措施的背后，其实是韩国政府对经济进一步下行、还贷违约形成系统性金融风险的担心。

首尔商业地产

首尔写字楼集中于三个商圈，分别是光化门商圈、江南商圈、汝矣岛商圈。光化门商圈集中了很多投行、跨国企业的总部，江南商圈是IT、制造业中心，汝矣岛商圈是首尔的“华尔街”。

目前首尔写字楼平均月租约合人民币175元/平方米，相比北京月租338元/平方米，租金水平仅为北京的50%，纽约的25%。另外，首尔写字楼空置率偏高，达13.8%，在汝矣岛商圈空置率高达16.9%。这与纽约、北京、东京地区4%~6%的空置率差异巨大。原因是多方面的，一是首尔存量写字楼供给量较大，二是经济下行压力对公司租用写字楼需求带来影响，很多企业由于兼并收购、缩减裁员等原因，转移、共享，或者缩减办公楼使用面积。

表13–1　首尔写字楼行情（2017年第三季度）

	租金	管理费		空置率
	月租（元/平方米）	YOY[①]（%）	均值（元/平方米）	%
光化门商圈	191	2.1%	76	15.4
江南商圈	166	1.2%	69	9.5
汝矣岛商圈	145	–0.4%	67	16.9
首尔	175	1.3%	72	13.8

资料来源：第一太平戴维斯

① YOY（Year-on-Year percentage），是指当期的数据较去年同期变动多少。

首尔商业地产市场自2016年以来交易异常活跃，这些价值低估的“蓝筹股”，有较低波动率以及不错的投资收益率（5%），吸引着大量的投资者。以2017年首尔大宗商业地产成交情况来看，价格分布在3.5万~5万元/平方米区间。按CBD商圈均价4.5万元/平方米计算，租金约190元/平方米，则可在20年快速回本。

纵观亚太地区，东京、澳洲等地的商业地产估值较高，海外投资者对韩国商业地产尤其有兴趣，2016年外资参与了一半以上的商业地产交易。对于外资购入不动产，除非威胁国家安全和公共秩序，韩国并无限制。美国黑石集团首次进入首尔商业地产市场，27亿元买下首尔江南区的Capital Tower。加拿大布鲁克菲尔德资产管理公司与我国主权基金中投公司组成财团，以180亿元买下汝矣岛商圈的IFC Complex。2017年前三个季度，首尔写字楼成交额高达6.3万亿韩元（折合人民币383亿元），同比增速为37%。

韩国政府调控房价的另外两个方面

土地政策调控

韩国政府对土地的调控措施，是其管制房价的重要手段。随着1970年以来韩国快速工业化、城市化进程，房价飙升，土地价格也开始疯涨。面对首尔不断上升的人口数量以及土地投机热潮，韩国政府采取了“市场处理为主，行政手段为辅”的方式，出台了多项重磅土地调控政策，规划城市土地使用，限制土地投机，其中较有力的措施包括土地交易许可制度、土地交易所得税制度。另外，政府增加土地供给措施与城市规划相结合，采取了包括以减轻江北居住压力的江南地区开发策略，将土地低价出售或租赁给指定开发主体的土地公营式开发等措施。

为了解决房屋供给稀缺、价格过高问题，韩国公共部门在住宅用地一级开发上，占据主导地位。其背后的逻辑是，私人土地开发会抬升成本，最终提高房价，而公营土地开发不但能够降成本，产生的收益还能反哺城市建设及低收入人群安置。1962 年，大韩住宅公社成立；1978 年，韩国土地开发公司成立。在 70 年代大部分土地私人所有的背景下，由国家投资成立的这两家公司，其主要任务就是代表国家拿地、征地，进行土地一级开发，然后在市场上转让土地给建筑企业，或者自建住房售卖给公众。

韩国公共部门拿地的方式主要有两种：1. 非城市用地改住房、商业、工业用地；2. 公营事业单位向私人部门征地，对私人部门进行现金、债券或换地补偿。资金方面大量依靠多元化的市场化融资手段，包括预售土地、发行土地债券、预售住宅、贷款等。

在公共部门的介入下，韩国国家所有土地比例从 1975 年的 15% 提升至 2014 年的 33%。韩国的住房土地开发完全由公共部门主导。从 1988 年开始，公共部门年均开发 35 万平方米土地，是私人部门的两倍。公共部门也大量参与房地产建筑，但 1988 年之后，住房建筑还是私人部门比重大一些。

近年来，首尔整体土地价格从2010年11月以来稳步上涨，与房价走势亦步亦趋。在市场化的土地交易中，不断上涨的房价，始终是刺激土地交易价和交易量不断增长的主要力量。首尔地价严重分化，在首尔，“地王”大部分被明洞商圈内的零售店所包揽。其中最贵的土地为中区忠武路一街的24-2番地，该地段的土地公示地价为8 600万韩元/平方米（折合人民币52万元/平方米），以每年3.5%~5%的涨幅持续上涨了14年。与之形成鲜明对比的是，首尔北边的道峰区道峰洞一带，每平方米地价不足百元人民币。

公共住房供给

韩国政府的公共住房政策，对扩大供给、稳定房价、解决住房短缺，产生了重要影响。公共住房由公共部门开发，或者私人部门从韩国住宅基金或者政府预算中拿到长期低息贷款进行开发，之后再以低售价或低租金租售给特定人群。迄今韩国共建设了约190万套公共住房，韩国住宅公社每年提供约5万套公共住房，其中60%以上由国企韩国土地开发公司开发建造。

公共住房以公租房、永租房等方式提供，租金为市场价的30%~50%，提供给低收入群体。在收入最低的10%的人群中，有20%的人住在公共住房内，其中有33%的人有押金贷款，超过的人50%享有住房补贴。类似的，收入最低的20%、30%、40%的人群中，享受公共住房的人口比例也不低，分别为24%、38%、

20%。大量公共住房在一定程度上缓解了韩国的住房短缺问题，特别是低收入人群的居住问题。不过在有的地方，公共住房和私有住房的矛盾很大，私有住房者并不愿意与公共住房群体共享教育、公共资源，与北京高端商品房与限价商品房的状况一致，虽相邻，却有“围墙”作为分割。

除了中央政府的支持，首尔地方政府也支持首尔住房集团供给了 18 万套公共住房，其中，2011 年至 2015 年，集中供给了 8 万套公共住房。但是首尔的公共住房始终处于供不应求的状态，无法满足居者有其屋的理想。较大的约束不仅在于地方政府的资金不足，还在于首尔城市土地开发已经较为饱和，没有大片的土地供应。首尔市政府正在尝试买断私人住宅、重建已有公共住房项目等措施予以解决。另外，首尔市政府目前还在公共住房上继续给予政策支持，包括将公共住房人群扩大到 40% 收入人群的“社会住房”项目，以及正在建设的面向年轻人的“地铁商圈 2030 青年住宅”项目。

首尔房地产投资收益测算

房地产税及一些其他费用

1960 年以来，韩国房地产税制几经修改，基本形成了完整的房产税收体系，覆盖了购置、持有、转让、租赁、继承、赠送等各个环节（详见表 13–2）。一方面，房地产税是韩国中央及地方非常重要的财政收入手段，房地产购置税、财产税分别约占地方财政收入的 15%、10%；转让税、综合不动产税分别占中央税收收入的 4%~7%、5%~8%。另一方面，房地产税还是韩国政府调控房价的重要手段。在需要刺激房地产交易时，韩国政府曾几次减免转让税、提高起征门槛，甚至对特定对象免征购置税；在需要抑制房地产投机时，韩国政府曾大幅增加转让税率、综合不动产税率并降低起征门槛。

表 13–2　韩国房地产税收制度

环节	税种	征税详情
购置	购置税	购房者在购置不动产时将被征收购置税，税率为 4.6%（其中住房的税率为 1%~3%）。此外还可能征收增值税——当购买商住两用房或超过 85 平方米的住房时，购房者应缴纳建筑价值 10% 的增值税。
	增值税	
持有	财产税	持有房产者需缴纳 0.1%~0.4% 的财产税——适用四级超额累进税率制，3 亿韩元以上征收 0.4%。税基按照市场价格乘以评估率（40%~80%）确定，目前的评估率为 60%。
	综合不动产税	对保有大量住房或土地者，还另行征收"综合不动产税"，税率为 0.5%~2%，也是累进税率制，94 亿韩元以上征收 2%。税基也是按照市场价格乘以评估率（60%~100%）确定，目前的评估率为 80%。 综合不动产税由中央征收，再按照一定比例返给地方。

（续表）

环节	税种	征税详情
转让	转让所得税	对房地产、土地和入住权利的转让，根据持有时间、转让差额不同，对转让所得征收适用不同税率（9%~60%）的所得税。持有时间越短、持有住房套数越多、经济越发达的地区，转让税税率越高。对未登记的不动产进行转让，所得税率高达70%。
租赁	租赁增值税	对商铺租赁、商住两用房租赁、土地租赁（住房租赁免征）征收增值税，税率为租赁收益的10%。
	综合所得税	对拥有两套住房及以上者收取月租时，征收综合所得税（利润的6%~38%）。
继承和赠与	继承税	继承税（死者遗产继承）、赠与税（生前向子女等赠送财产）是对财产无偿转移时的征税科目，税率为10%~50%。当配偶在世且遗产超过10亿韩元、没有配偶且遗产超过5亿韩元时，征收遗产税。以10年为标准，受赠人为配偶（资产超过6亿韩元）、成年人（资产超过5千万韩元）、未成年人（资产超过2千万韩元）时征收赠与税。
	遗产税	
	赠与税	

除了税收，首尔的房地产还要交纳并不便宜的管理费。依据《住宅法》，达到规定条件的公寓，都应承担法律规定的管理费。管理费包括一般管理、清洁、安保、消毒、维修等费用。过去5年间，首尔住宅的管理费增长较快，一间100平方米的普通公寓的管理费约为520元/月，较5年前上涨了30%。从分项来看，一般管理费上涨了17%，清洁和维修费分别上涨了37%和100%。不断攀升的管理费背后，主要是人工成本的增长。

首尔房地产真实投资收益测算

如果在首尔投资一套90平方米的公寓用于出租，假设公寓位于江南区，房价为10亿韩元（约合人民币610万元），采取按月出租的方式，每月租金为300万韩元（约合人民币1.8万元），租金收益率（年租金收入/房屋购买价格）约为3.6%。扣除每年房屋适用的财产税（按房产市价的60%征收），税率0.4%，综合不动产税（按房产市价的80%征收），税率0.75%，再扣除管理费、租赁收益增值税、中介手续费和法务费用等，房子的净租金收益率约2.2%。

房产投资的另一块收益是房产升值。房产实际升值的大小不仅取决于未来的变化，也与持有期限、地理位置以及是否利用贷款等因素有关，很难做准确估计。在目前韩国政府房地产政策调控之下，假设所购江南区价值10亿韩元的房产年均增值4%（略低于过去4年平均6%的增速），并在持有5年后转让，累积房价上涨收益将为22%。升值资本所得2.2亿韩元将缴纳资本所得税（36%）。折算下来，实际资本利得累计14%，折合每年2.65%的资本增值收益。韩国并不允许国外投资者将租金收入及增值利得直接汇出境外，所以暂时不考虑汇兑损益。根据以上计算，在首尔江南区投资一处房产，租金加资本增值所带来的年均收益率约为4.85%。作为比较，韩国5年期国债的收益率约为2%。这里面的差值，反映了住房投资的风险比国债高，流动性比国债低，以及投资过程中还会发生的其他成本。例如，出租的时候房屋可能会有部分时间空置的情况，这也是一种成本。

从商业地产投资来看，数据显示，目前首尔商业地产的资本收益率约4.7%。资本收益率计算方法为（租金收益+管理费收入+保证金利息收入）×租用率×12/成交价，其中租用率按90%计算。可以看到2014年以来，首尔商业地产的资本收益率从5%左右稍有下降，与韩国5年期国债收益率之差进一步加大至2.73%。

第十四章

中国香港：蜗居在南中国海

香港地处南中国海，占地面积约为 1 106 平方公里，相当于深圳的一半；2017 年香港人口总数为 740.98 万，大约是深圳的 1/2。香港由香港岛（80.7 平方公里）、九龙（46.9 平方公里）和新界（978 平方公里）三大区域组成，其中香港岛最繁华，中环、铜锣湾等都在岛上，九龙的人口密度最大（每平方公里 47 040 人），新界的面积最大。

香港的面积仅相当于两个半海淀区的面积——北京的 1/15。在这么小的地方，发展了极为繁盛的旅游、零售、贸易、金融服务和房地产等行业，使其成为世界第三大金融中心，不可不谓是一大奇迹。

香港的人口一直处于增长状态，增幅约为 0.6%。由于是服务型城市，而女性在服务行业中具有得天独厚的优势，这也使得在香港居住的女性数量更多，占总人口的54.1%，男女比例为85∶100。但和很多发达经济体一样，人口老龄化成为香港发展面临的巨大挑战。在香港现在人口结构中，65岁及以上的人口占比已经达到16%，而同期大陆65岁及以上人口占比为9.4%。因此与大陆服务行业清一色年轻服务员的局面很不同的是，香港的很多服务行业的工作人员都较为年长，而且男性也非常多。

在环球经济疲弱之际，香港经济近些年保持着2%左右的增长率。2016年，香港的人均GDP为43 500美元，而同期大陆的人均GDP仅为8 000美元，不到香港的1/5。近几年，香港的通胀率已连续回落，由2014年的3.5%下降至1.2%左右。香港劳动人口为392.6万人，占总人口的53.43%，失业率在近几年维持在3.3%的低水平。如今的香港，家庭住户每年收入的中位数已经达到3.98万美元，在东南亚地区仅次于中国澳门、新加坡、日本[①]。

20世纪80年代以来，随着地产价格不断上扬，房地产行业成为香港经济的支柱产业之一。从2009年开始，香港房地产行业对GDP的贡献率一直保持在5%以上[②]。香港政府每年财政预算的30%大都来自土地拍卖，而房地产交易的地税和印花税也对当地财政收入做出了重要贡献。发展迅猛的房地产也造就了数家巨型家族企业或财团，如新代家族的新鸿基地产集团、李嘉诚的长江实业集团和李兆基的恒基兆业地产集团等，无不都是大名鼎鼎

① 如无特殊说明，本文的所有货币换算按照“1美元=7.75港币”计算。

② 2012年达到最高——贡献率达到5.8%。

的房地产开发商。再加上房地产开发会带动上下游的钢铁、水泥、建材、家居和销售等行业，逐渐形成了以房地产开发为中心的一支庞大的产业队伍。

香港物业

狭小的陆地面积加上可开发利用土地的紧缺型（占总面积的30%），让这个城市的每一块土地变得寸土寸金。当地人常将房地产称为“物业”。物业一词既包含居住的功能，又包含储藏财富的意义。这样的叫法，可能和香港的人多地少状况不无关系。

香港的物业分为公营永久性住房和私人永久性住房。公营永久性住房是政府[①]为收入水平有限的居民提供的政策性住房，其数量占全港物业市场房源比例的43.89%。但这一类型的物业通常居住条件较差，申请条件较为严苛，而且大多位于新界和九龙两地。相对的，私人永久性住房是大家可以自由出租、买卖的房源，约占整体房源的56.11%。近些年来，香港私人永久性住房的售价和租金一路走高，这是2003年之后房地产行业快速发展的结果，并且售价的增长幅度要高于租金的增长幅度。香港不同地区的私人住宅的售价和租金存在着显著差别——香港岛的房子贵于九龙的，而九龙的房子又贵于新界的。

---

① 主要是指香港房屋委员会和香港房屋协会，以及政府部门的房屋署。

政府的公营永久性房屋：公屋和居屋

公营永久性房屋主要包括“公共租住房屋”（下文简称“公屋”）和“资助出售居住单位”（下文简称“居屋”）。公屋包括香港房屋委员会的公共租住房屋和中转房屋，以及香港房屋协会的出租房屋。就实质而言，公屋和内地的廉租房较为相似，主要由政府出资兴建并拥有产权，然后以便宜的价格租给低收入人群。公屋的突出特点是租金低廉，且远低于市场水平；居住条件比较艰苦，人均居住面积仅为 13.1 平方米；申请条件较为严苛，对象仅为符合条件的低收入居民；等候时间长，从申请到获批，一般需要 4.5 年，即使是享有优先权、年龄超过 60 岁的老人，等候时间也需要 2.4 年。

居屋包括香港房屋委员会推行的租者置其屋计划、居者有其屋计划[①]、私人机构参建居屋、中等入息家庭房屋计划、先租后买计划和重建置业计划所覆盖的房屋，以及香港房屋协会推出的住宅发售计划、夹心阶层住屋计划和资助出售房屋项目所覆盖的房屋。居屋和内地经济适用房的性质较为相似，都是由政府独资或与私人开发商合资建立，然后以低于市价 30%~40% 的价格卖给公屋租户或其他符合标准的中低收入家庭。同公屋相比，居屋的条件要好于公屋，但同样需要收入水平低于一定程度的人群才能申请购买，并且购买之后被严格限制流通买卖。

---

① 居屋计划自 1976 年开始推行，由政府提供资金兴建，售价在两三百万港元左右。

就分布而言，公屋和居屋的住房大多分布在新界和九龙，两地占比分别为 57.6% 和 32.8%，而目前政府新提供的住房基本都位于新界。以 2015 年为例，1.1 万套新增房源中有 94.4% 都处在新界，另有 5.6% 处在九龙。在房屋面积上，公屋的面积非常小，82.8% 的公屋室内面积在 40 平方米以下，人均居住面积仅为 13.1 平方米。居屋的面积能稍大一些，居住条件稍好，面积为 40 平方米以下的房子占比为 21.5%，40~60 平方米的房子占比 66.7%，超过 60 平方米的房子仅有 8.8%。在租金方面，和私人永久性住房相比，政府提供的公屋租金仅为每月 7 美元 / 平方米，而在房产交易市场上，面积在 70 平方米以下的私人永久性住房的租金约为它的 7 倍。十多年来，政府对房屋建设的公共开支占比持续数年超过 5%。以 2015 年为例，香港特区政府斥资 41.4 亿美元投资公营永久性住房建设，占公共开支总额的 6.9%。目前，约有 329.52 万的中低收入居民以不同形式受惠于政府的资助补贴，解决了住房问题。

私人永久性住房

香港的私人住宅分为 5 类，其中实用面积小于 40 平方米的为 A 类住宅；40~69.9 平方米的为 B 类住宅；70~99.9 平方米的为 C 类住宅；100~159.9 平方米的为 D 类住宅；超过 160 平方米的为 E 类住宅。这 5 类住宅在私人住宅中的占比分别为 31.08%、48.89%、12.25%、5.53% 和 2.25%。据此可知，香港 100 平方米以下的私人住宅占比高达 92.22%。一般来说，新婚夫妇的首套房产大多为

30~40 平方米的住宅。相比之下，大陆二线和三线城市动辄 100 平方米及以上的房子在香港真算是“豪宅”了。

香港房屋的空置率很低，在近三年维持在 3.7%~3.8% 的水平。得益于强劲的住房需求，即使业主自己不住，也大都可以通过将房屋出租出去获得可观的租金。在价格和供求关系的作用下，小户型房屋的空置率更低，A 类和 B 类住宅的空置率仅为 2.3% 和 3.2%，而 E 类住宅的空置率却高达 9.5%。

回顾香港房地产市场的走势（如图 14–1 所示），香港私人住宅目前的高房价和高租金是在 2003 年 SARS（非典）危机之后一路持续上涨。1997 年 10 月，香港的房价曾攀升到历史的小高峰，但随着当年亚洲金融危机的爆发，房地产泡沫破裂，到 2003 年 9 月，香港私人住宅的售价指数和租金指数跌落至 58.4 和 71.9 的低点[①]。但 2003 年之后，房地产市场逐渐恢复并一路上扬。到 2011 年年初，私人住宅的售价指数和租金指数涨回至亚洲金融危机之前的最高水平。期间，虽然售价指数和租金指数在 2008~2009 年的金融危机时期经历了小幅的下跌，但是很快重回升势。截止到 2016 年年末，私人住宅的售价指数和租金指数分别为 307.4 和 173.6。相较于 2003 年的低点，售价指数和租金指数的平均年化增长率分别为 13% 和 7%。综合各方因素来看，房价增长率高于租房增长率的原因可能是，2008 年金融危机之后，全球进入低利率环

① 售价指数与租金指数分别是房价增长率和租房增长率的反映。——编者注

境（香港存款利率为 0.26%，最优惠贷款利率为 5%）。在这种情况下，投资房产比租用房产更为划算。

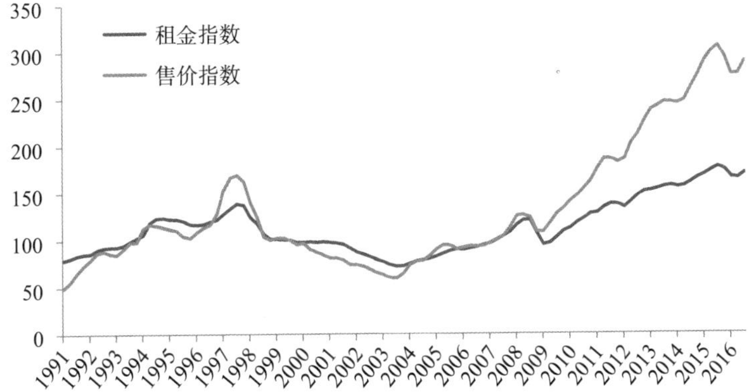

图 14–1　1991—2016 年香港私人住宅的租金指数和售价指数趋势图

数据来源：香港房屋委员会及房屋署

香港不同地区的私人住宅的售价和租金也存在显著差别，总体而言，香港岛的房子贵于九龙，而九龙的房子又贵于新界。在 2003 年低点的时候，香港岛的房价历史性的跌破 4 000 美元 / 平方米，而九龙和新界的房价则约为 2 800 美元 / 平方米。在此之后，三个区域的房价都持续性上涨——除了在 2008 年金融危机和 2015 年有显著下挫之外，整体一路攀升。截止到 2016 年年末，香港岛的私人住宅售价达到 1.94 万美元 / 平方米，九龙的私人住宅售价为 1.65 万美元 / 平方米，新界的私人住宅售价最低，但是也已经达到 1.33 万美元 / 平方米。从 2003 年至今，香港岛、九龙和新界地区房子的平均售价的年化增长率分别为 13%，14.5% 和 12.4%。

人口密度最大的九龙，房价增速也是最快的，比香港岛要高出 1.5 个百分点。

租金方面，1999 年年初，香港岛私人住宅的月租金已经达到 27 美元 / 平方米，九龙和新界每平方米私人住宅的月租金水平分别为 22 美元和 17 美元。2003 年租金水平降到最低点，当时香港岛的租金水平为 20 美元 / 平方米，九龙和新界分别为 17 美元 / 平方米和 12 美元 / 平方米。截止到 2016 年年末，香港岛、九龙和新界的房屋租金水平分别上升到 50.34 美元 / 平方米、42.97 美元 / 平方米和 33.08 美元 / 平方米。结合历史数据，我们发现从 2003 年到 2016 年，香港岛、九龙和新界地区的平均租金年化增长率分别为 7.1%，5.8% 和 3.8%，香港岛的房屋租金增速明显快于其他两地。

香港房价有泡沫吗？

截至 2016 年年末，香港私人住宅的平均售价已经达到 1.57 万美元 / 平方米，香港岛的平均售价更是达到了 2 万美元 / 平方米。面对如此高的房价，很多人会想起 1998 年香港房地产市场崩盘的情景，质疑香港的房价是否已经有了泡沫。对于这个问题，应该怎么看呢？我们从供给和需求两方面来看。

在供给方面，香港特区政府每年出让的土地数量较少，进而导致房产数量的供给非常有限。直到现在，香港的土地开发强度依然较小，建成区的面积只有 263 平方公里，占香港总面积的 1/4。这种有限的供给，既和香港面积狭小、地形多山有关，也和香港的供地制度有关。

在需求方面，20 世纪 80 年代以来，香港经济持续繁荣，居民财富开始大量流入房地产市场和股市，推高资产价格。随着内地的改革开放，香港作为自由贸易港的优势逐渐显现，大量资金涌入香港，进一步推高了香港的房市和股市。这也是香港楼市长期繁荣的基础。

1997 年，亚洲金融危机爆发，香港经济也随之陷入谷底，很多人因此失业，地产的需求端也开始疲软。与此同时，由于香港首任特首董建华宣布的“八万五建屋计划”[①] 开始实施，政府开始大规模地增加供地计划量和面积，使得住宅供应量急速上升。2000 年，首批“八万五”计划中兴建的房屋正式推向了市场，在一年内共有 85 710 套住宅建成；2001 年，又有累计 10 万套住宅被推向了市场，这已经大大超过了 85 000 套的目标；2002 年，因为社会舆论猛烈的抨击，香港当年新房供给大幅减少至 67 000 套，至

---

① 1997 年金融风暴前，香港社区组织协会曾组织调查过最低收入者居住的笼屋的状况，发现笼屋是一系列社会问题的集中表现。其主要是因为香港的房子太贵，普通居民可能终其一生的收入也买不起一套住房，而由高房价衍生出的一系列后果，也成了一个比较严重的社会问题。为了解决民众的住房问题，1997 年，董建华宣布“每年兴建 85 000 个房屋单位”（后称“八万五建屋计划”）的目标和计划，实现每年兴建的公营和私营房屋不少于 85 000 套，10 年内让全港 70% 的家庭可以拥有自置居所，轮候租住公屋的平均时间缩短至 3 年的住房目标。

此，市场中存在大量空置的房屋。此外，再加上之前买房的人无力还贷，银行收回房产进行拍卖，以及大量资金外逃抛售房产所导致的房地产市场抛售压力，进一步压低了房产价格。从 1998 年到 2003 年，香港楼市的回调，与经济的低迷和供给的增加，都有关系。其中“八万五建屋计划”平抑房价的效果，不可小瞧。

2003 年以后，香港经济持续增长。2004—2007 年，香港的 GDP 增长率高达 7.4%；2008 年和 2009 年，受金融危机的影响，GDP 增长率分别下降到 2.13% 和 –2.46% 的水平；2010—2016 年，GDP 年平均增长率恢复到 3.4%。经济的繁荣带来房产需求的稳定，同时，房屋供给量开始下降。香港政府采用的“土地申请表制度”[①] 和“主动卖地”这两种土地出让政策，使得近些年来香港私人住宅的供应量稳定在较低水平。因此，2003 年以来香港房价的上升，是供需双方共同作用的结果。另外，金融危机以来利率水平的降低，也推高了房价。

研究泡沫的一个重要角度是投资收益率。从投资私人住房的收益率而言，香港的房地产收益率和投资长期国债的收益率相当，泡沫的成分很小。表 14–2 展示了香港部分热门房源的售价、租金

---

① “土地申请表制度”，又称勾地表制度，即政府把准备出卖的地块置于勾地表中，然后地产商在表中勾地，并向政府开价。如果地产商出价高于政府心理价位，这块地便勾地成功，政府这时便将土地拿出来公开拍卖。勾地的本意是地产商申请将某块土地拍卖，而不是申请购买某块土地，因此很有可能出现某家公司勾出土地但其他公司拍卖成功的情况。如果一块土地在某一年未被勾到，则下一年通常会继续留在勾地表中。政府偶尔也会将勾地表中的土地收回，或是将新土地放进去。

及其收益率，其中，租金收益率的计算已经扣除差饷、地租和各类管理费等。其中“差饷”是指香港政府向香港境内房地产业主征收的一种间接税，按照物业的应课差饷租值[①]乘以5%征收；地租是香港政府向部分土地的承租人所征收的租金，私人住宅的平均地租为每月44.39美元。可以看出，目前香港热门房源的租金收益率大概在2.5%~3.5%之间。

表14–2　香港部分热门房源售价和租金

房源	总价（万美元）	建筑面积（平方米）	每平方米价格（万美元）	每月租金（美元）	租金收益率
半山一号	264	153	1.73	5 420	2.46%
太古城	142	54	2.73	3 355	2.84%
康怡花园	148	71	2.08	3 484	2.82%
新港城	95	69	1.38	2 323	2.93%
沙田第一城	75	60	1.17	2 065	3.30%
大围	147	93	1.58	3 097	2.53%

数据来源：中原地产

根据香港差饷物业估价局提供的全港私人房屋租金收益率的数据，20世纪90年代，私人住宅的市场收益率最高可达9%的水平。从那时候开始，租金收益率长期内呈下降的趋势；到世纪之交，住宅的投资收益率基本稳定在5%的水平；2003年之后，私

① 香港当地的说法，差饷是按照物业的应课差饷租值再乘以一个百分率征收，该租值是假设物业在指定的估价依据日期空置出租时，估计可取得的合理年租而计算所得。

人住宅的市场收益率进一步下降，目前稳定在 2%~3% 的水平。

私人住宅的投资收益率与香港政府的 10 年期国债收益率走势非常类似，近些年来,10 年期国债收益率也维持在 2% 左右的水平。这意味着，投资房产的收益率和投资长期债券的收益率基本相当。再加上拥有住房可获得的心理收益，以及投资房地产对抗通货膨胀的功能，香港房产其实依然是一个理性的投资选择。

第四篇

房价的经济学透视

第十五章

看北京的高楼，想科斯定理[①]

漂流久了，思乡的心情未免深切些。回到中国，一切都很亲切，似乎北京大街上的灰尘也弥漫着故乡泥土的芬芳，同时也充满着新鲜感。新鲜感的好处是让人触觉敏锐，容易抓住现象并放大，坏处是可能少见多怪，过于放大。

20 世纪 90 年代，我在位于中关村的北京大学读书。记得当时中关村的主干道是白颐路[②]，从白石桥到颐和园，主要公交线路之一的 332 路据说是北京公交系统业绩最好的线路之一。中关村大小的马路两旁有不少的商贩，还有不时靠近并问你要不要光碟的小贩。但现在的中关村早已不是旧时的样子，让人颇有在家乡迷

---

① 本篇写作于 2009 年 9 月。

② 白颐路，现在广义上的中关村大街，分为中关村北大街、中关村大街和中关村南大街三段。

路的感觉。林立的高楼让当初的楼房变成了“矮子”，加之年代稍远，疏于维护，一幢幢五六层的小楼在玻璃大厦的掩映下似乎都成了违章待拆建筑，只不知住在里面的人心态如何。

这样的情形当然不限于中关村地区，北京城从东到西、从南到北，似乎都有这样的变化。还记得20世纪90年代末三环路还是北京的环城主线，少有堵车的时候，而二环路还是内外城的分界，不到十年，北京的六环路已将建成，高楼矗立的四环路也绝不会给你外城的感觉，新开的居民楼盘大多在五环之外，城区的面积增加了4倍不止。但即便是这样，堵车的程度不但没有减轻，反而加重了，四环路上车行缓慢似乎是家常便饭。

如此繁华而庞大的都市在比我们富裕得多的美国难得一见。波士顿、纽约、洛杉矶、芝加哥等这些人们熟悉的城市，都是由一个很小的繁华而又相对拥挤的中央商务区和周边的卫星城组成。美国纽约的规模比较大，但也远没有北京的规模大；英国伦敦的城区面积较大，但也无法和北京相比。

巨大的视觉冲击给人带来的首先是兴奋。近10年来，年均近10%的经济增长率在城市的土木工程上得到了直观的佐证，拥挤的大街暗示了高楼里繁忙的经济活动的进行。兴奋之余，内心忍不住发问：人们在密密麻麻的高楼大厦里干什么？

这一似乎不是问题的问题引发了本文的思考。我们首先对现象进行分解，给地产做一个功能分类。北京的一个特殊现象是外省市驻京机构特别多，借此我们来挑起那层并不神秘的面纱：政策资源的集聚和对政策成本的考量导致了京外单位向北京聚集。当然，其他类型的企事业单位也是如此。

倘若北京的发展和政策资源与成本有关，那么别的国家的首都也应该有相同的效应。带着这一猜想，我们来看世界上其他主要国家的首都城市。不难发现，绝大多数国家的首都都是该国的最大城市，而且许多国家的首都的规模比该国其他大城市要大许多倍。首都不是最大城市的国家有两种情形：一是该国首都为新建城市，历史不太久远，但其原首都往往是超大城市，如巴西、土耳其等；二是一些实行三权分立的新兴联邦制国家，如美国、加拿大等国家，联邦制国家的立法、司法、行政权力分开，中央政府的权力受到制约，地方政府有较大的权力，这些意味着政策资源相对分散，导致人口向首都聚集的动力相对较小。我们还发现，1950 年至 2007 年这 57 年间，绝大多数国家的首都都是本国经济规模增长最快的城市。

关于首都城市的国际比较与我们关于政策资源与政策成本的假设相符。而进一步的分析说明，政策资源本身并不会导致人口向首都集中，还需佐以政策成本。政策制定、执行和修改过程中的高成本为广泛的政策参与提供了基础，否则政策的制定将是简单的事情，使得广泛的政策参与和政策寻租没有了空间。政策成本实际上是交易成本在政策制定、执行和修正过程中的体现，因此，首都城市远超过其他城市的聚集，根源在于经济生活中的交易成本。

如果把逻辑进一步推演，可知政策资源实际上也与交易成本有关。在没有交易成本的世界里，我们甚至很难界定政策的作用到底是什么。根据科斯定理[①]，如果没有交易成本，产权的界定费用为零，私人谈判就可以达到经济绩效的最优。如果科斯定理为真，经济生活中的一切非最优行为都可以归结到交易成本。基于现实生活中并没有最优的状况存在，我们可以反推出交易成本无处不在，这一结论也与对现实的观测结果相符。科斯定理的本意，就是强调对交易成本的研究，而不是对无摩擦参照系的过度重视。

现象分解

如果进行粗略的划分，不动产的用途有商用和住宅用两类。除桥梁、道路、公园等作为公用基础设施在此不作划分外，与这两类不动产相关的使用者主要是以下六类机构：

政府机关。政府机关各地都有，北京作为首都多了国家级机关，但这些机关以前都有，因其办公场所的扩大会导致不动产增加，但对城市的总体大规模扩张的解释力可能不大。倘若政府机

① 科斯定理（Coase theorem）是由罗纳德·科斯（Ronald Coase）提出的。它的基本内容是：只要产权界定清晰，而且协商谈判是无成本的即交易成本为零，那么在外部效应市场上，交易双方即外部性问题的损害方和受害方，总能够通过协商谈判达到某一帕累托最优点。科斯定理是新制度经济学的一个重要的理论基础，其实质在于强调了产权、制度对资源配置的重要意义 。——编者注

关大规模扩张而导致了城市扩张，那么我们就需要仔细探究其前因后果。

各地方政府的驻京机构。不但是各省，现在各县市也大多在北京有办事处。大的办事处是一栋大楼，小的办事处可能就是一个酒店房间。

北京的各种企事业单位。企业包括国有、民营，外资的各行各业的企业，事业单位包括教育、科技、文化、卫生等单位。

各企事业单位的驻京办事处。各大企业，不管国有民营还是外资，为了在北京办事方便，索性在北京设一个常驻办事处。

住宅。随着城市人口的增长和收入的增加而自然增长。

医院、学校、邮局、银行、商场、酒店、博物馆、剧院和其他各种餐饮休闲娱乐设施。把这些排在第六类，绝无小瞧之意，在数量上它们也绝不占少数。倘若考察一个普通的大城市，这些机构事实上构成了一个城市非住宅建筑的主体。排在最后是因为这些机构多少有被动生成的性质，随着城市人口的增长，对这些机构的需求就会增长，因此不能简单从这些机构的增长来寻求一个城市增长的动因。事实上，其中的一部分可以划入住宅附属设施。值得注意的是，在我们当前的体制下，医院、学校等也被划入事业单位。

在上面这六类机构中（为方便表述，我们把住宅也称为“机构”），最后两类所包含的设施等随着城市的扩大而扩大，其扩大也导致城市的扩大，因此不好简单从这些机构的增长来分析城市的增长。第一类和第三类机构因内在原因多样，也不在本文分析范围内；那么，接下来我们看一看剩下的第二类和第四类机构。

第二类是各地方政府的驻京机构。根据《中华人民共和国行政区划简册（2005 年版）》，现在全国省级行政单位（含港澳台）有 34 个，地区级行政单位有 333 个，县级行政单位有 2 862 个。倘若这些行政单位每家都在北京设一个办事处，那么以平均每家半层楼计算，就需要 80 栋 20 层的大楼。这将是一片不小的区域。

第四类是各大企事业单位的驻京办事处。这一类的数量可能比第二类还大。各省（自治区、直辖市、特别行政区），地区，县市的较有实力的企业大多会在北京设一个办事处。以一个地区目前有 2 家较有实力的企业的办事处计算，又是 160 栋 20 层高楼。和第二类加在一起，就是 240 栋 20 层高楼，这样四环线差不多就排满半圈了。根据国家统计局的资料，2006 年度中国大型工业企业（主营业务收入 3 亿元及以上，资产总额 4 亿元及以上，从业人员 2 000 人及以上）达到 2 387 家，规模以上工业企业（年销售 500 万元以上）达到 301 961 家。另外建筑企业有 60 166 家，房地产开发企业有 58 710 家。若以每家大型工业企业、每 100 家规模以上工业企业，以及每 100 家房地产开发企业设一个驻京机构计算，这就是五六千家驻京机构。这么多家机构所需的办公面积加起来，又是一大片区域。

上面的估算还不包括银行、券商、基金、保险和信托等金融类企业，也不包括各种各样的事业单位。在北京城，各大银行、券商、基金和保险公司的办公大楼比肩林立，交相辉映，这些又占据了大片区域，构成了北京城的又一景。

政策资源和政策成本

上文关于地方政府和企业驻京机构占地的估算数据较为粗糙，偏差可能很大，也并不代表现在的驻京单位数量和所占建筑面积就有这么多。上文估算更多是为了表明市场对北京地产的潜在巨大需求。这一需求背后的动机非常明了，那就是北京聚集着大量的资源，具体来说就是政策资源。

政策对于经济活动的重要性不言而喻。从大的方面讲，中国40年来的经济发展的成就可归于基本国策和经济发展战略的转向。从小的方面讲，每一个看似很小的政策变动都可能影响到成千上万的企业的生产、销售、研发、赢利、分红、人员变动等，也可能影响到成千上万的人的收入、消费、就业、求学、医疗、养老等各个方面。政策如此重要，所以为了更早、更全面地获得信息，地方政府和企业热衷在北京设立办事处也就不奇怪了。[①]

政策是重要的，而政策又是在北京制定的，可是这就一定意味着要大家都往北京跑吗？

---

① 由于地方政府和企业内部的委托代理关系，可能导致这些公共资源被用来谋取私人利益，这样的事情会放大驻京机构的规模。这一考虑属于地方政府和企业资源使用效率的问题，在这里不做进一步的分析。

问题的关键在于政策的制定和执行不是没有成本的，需要的成本可能非常高。到底有多高？可能已经高到无法估算的地步。举例来说，改革开放前后我国的经济绩效发生了天翻地覆的变化，导致这一变化的最明显的变量就是经济政策的变化，那么我们不妨试问，为什么以前没有采用这样的政策，是否可以把以前走的弯路都看作是摸索今天经济政策的一种成本？这样的发问虽然很粗糙，但是也有助于表明政策成本之高。下面我们来看一看政策成本。①

首先来看政策制定的成本。政策制定的第一步是信息采集，也就是调查研究，了解情况。粗略地划分，信息可分为一般信息和具体信息，前者指一般的理论基础和分析方法，后者指具体环境下的情况参数。一般性理论和分析方法是从以往的大量经验中总结而来，不同的人从不同的视角有不同的总结，形成不同的流派，不同流派之间的争论从未停止过。

具体信息的采集也不是容易的事，实地考察的成本自不用多说，更严重的是我们难免都戴着有色眼镜，也就是相信不同的理论和使用不同的分析方法。即便信奉相同的理论使用相同的方法的人，各自观察分析的方法、角度和深度不同，技巧也不同，这往往导致一个人眼中的事实与另一个人眼中的事实相去甚远，一

---

① “政策成本”一词在很多时候用来指政策变化导致的一部分人承受的利益损失，在本文专指政策制定、执行及修改过程中的交易成本。当然，前者也会导致利益相关群体向北京聚集。

个人表述的事实与另一个人听到的事实也可能大不一样，而科学研究与决策中，差之毫厘，谬之千里的事情太多了。更重要的是，采集信息的是有主观好恶的人，不是严格执行指令的机器，在采集信息的过程中和传递信息的过程中都会受到这些主观好恶的影响。

政策制定的第二步是信息汇总，提出各种方案并进行可行性分析。这里面每一步都不是简单的事。关于信息汇总，除了信息采集的难处，信息汇总的过程还要试图去除信息采集中的偏差和噪音。而提出方案的过程比信息采集和分析的过程要求更高，因为它首先要求理清事情背后的逻辑规律，并创造性地提出方案。有的时候可以从现有经验，比如别的国家的经验中寻找到解决方案，但是这样做要考虑到具体环境的不同，别的国家或地区的成功的经验与当地的具体情形有关，若不考虑具体情形，生搬硬套，很容易“画虎不成反类犬”。有的时候面临新的情况，我们没有什么现成的经验可以借鉴，就更需要创造性了。其次，方案的提出还要考虑各方的反应，要考虑各方多层次的动态博弈。再次，有一个利益权衡的问题。没有一个方案是中立的，总有一些人获利，一些人受损，有些人获利多一些，有些人获利少一些。提出方案的过程其实也是利益权衡和划分的过程。这种利益的权衡，也会影响我们对事物的分析和看事物的角度。尽管我们尽力不让自己的观点和所处的位置影响自己的判断，但这谈何容易，毕竟，没有人知道真理到底是什么，在谁的手里。

政策方案在提出以后，正式实行前往往还要进行试点。在政策试点中，我们要观察政策实施的情况和效果并及时进行修正，这里面又有另一个信息收集与汇报的过程，而且这种观测和修正在政策实施以后也会反复进行。

回过头来看一看上面的分析，不难发觉其中的难度。这难度可以归结为两个方面的问题：一是信息，二是激励。这两个题目都不简单，相关的研究是近半个世纪以来经济学研究的重要领域，其中的一些研究成果已经获得了诺贝尔经济学奖。虽然老生常谈，但是信息不对称、信息收集和交流的成本、利益不一致、激励不相容，这些都是经济生活中最基本的问题。这些基本问题在经济政策制定和执行的过程中理所当然地体现出来。

上述内容简单概括起来便是：政策是重要的，而政策制定和执行的成本是很高的。这里面至少有三层的含义：首先，政策的重要性意味着人们参与的积极性高——利益攸关的事情谁也不会含糊；其次，政策的高成本意味着人们参与的空间大；再次，政策高成本的一个直接后果是决策结果的不确定性大、自由裁量的空间大。政策变一点，结果可能就要变许多。各方为了尽量争取政策对自己有利，就不遗余力地往北京跑，努力寻找渠道，让自己的声音和诉求被听到甚至占上风。退一步讲，即便不能影响政策结果，也可以利用北京的信息优势，尽量做到“春江水暖鸭先知”，方便早做打算。

需要说明的是，我们用政策资源和政策成本来分析北京的发展，并不是说没有这些因素北京就不会发展。我们的问题更准确的提法是：倘若北京不是首都，发展还会这么快吗？对比西安、南京、洛阳、开封等历史文化名城，这一问题的答案不言而喻。

谁在北京的高楼里

政策制定和执行的高成本促使京外单位往北京跑，究其原因，就是政策资源在北京。这一资源不仅对地方政府和企业有吸引力，而且对其他很多机构也同样有吸引力。现在，我们来看一看驻京机构之外的其他各类机构。

至于政府机关，北京驻扎的中央、北京市以及各行政区的政府机构自然繁多。而政府机构繁多本身就是政府资源丰富的产物。在政府掌握着大量资源的情况下，人员扩编，办公场所扩大都不稀奇。

再来看北京的事业单位。在北京摩肩擦踵的是研究所、学校、医院、新闻媒体、宗教文化等各种事业单位。尽管没有做过仔细的调查，但北京的事业单位在数量上可能是全国最多的。同时，在质量上，北京集结了一批全国最好的医院、学校、研究所、新闻单位等。

根据《事业单位登记管理暂行条例》，事业单位是指国家为了社会公益目的，由国家机关举办或者其他组织利用国有资产举办的从事教育、科研、文化、卫生等活动的社会服务组织[①]。这一定义简单明了，事业单位的目的、资金来源、活动领域都很清楚。其中“由国家机关举办或者其他组织利用国有资产举办”道破了天机：办事业单位是需要钱的，而且钱越多越好，这钱自然要找政府要，北京自然是一个好选择。与此同时，很多事业单位都是提供服务的，如医疗、教育这些服务就给当地带来很大的好处，驻扎在北京的政府自然乐于向本地的事业单位提供支持。我们就不难理解为什么那么多好医院和好学校都在北京了。相较而言，美国的好医院大多分散在各地，其中约翰·霍普金斯医院在首都华盛顿附近的巴尔提摩，而美国通常被认为最好的20所大学都不在首都华盛顿。

医院和学校对于人口的吸附能力是巨大的。年轻人打拼，生活富裕了，健康自然是重要的，而且要照顾老人和孩子，医疗和教育的重要性随着收入的增加而快速增加。用通俗的话讲就是，现在全中国有条件的人都想在北京买个房子，子女上学是其中最重要的考虑，而且买房子时往往要看是不是在好的学区。有了这样的考虑，北京住房价格的上涨也就不奇怪了。

回头再来看一看北京的酒店。在北京城绕上两圈，就会感触北京林立的酒店——从经济型酒店到豪华酒店应有尽有，数量之多，令人叹为观止。在酒店质量上，熟悉英、美都市的人大多会

① 此处对于“事业单位”的定义做了省略处理，在《条例》中，事业单位涵盖了近三十个领域，在此不再一一赘述。——编者注

认同北京酒店的硬件设施，特别是豪华酒店的设施，已经达到了国际水准。

大城市的酒店多并不稀奇，但多到像北京这样，却不得不让人想一想：酒店是让人住的，而且酒店越修越多、越修越好，自然是差旅人士多且要求越来越高的结果。例如，由于各种原因没有在北京设立固定办事处而又需要经常派人来京的机构估计不在少数，对于酒店的需求自然也就不少，甚至他们当中有许多人为了常来常往，就会在固定的酒店中有长期的房间，兼作办公场所。

最后再来看一看北京的企业。企业选址有诸多因素，如零售业要在人口聚集的地方建立分销网络，酒店业要在商贸中心或旅游胜地建酒店，金融行业要在金融中心建立总部，制造业的选址，税收优惠、劳动力供给状况、土地租金低廉等都是重要考虑的内容。具体谈到北京，有两个因素需要强调：一是信息资源，对信息资源敏感的企业往往愿意把总部设在北京，或在北京设立专门的办事机构；二是人才储备，北京的人才储备充足，北京对于人口有巨大的吸附能力，企业为了利用北京的人才，也愿意把总部或重要部门设在北京。如果人才不愿意离开北京，那么这些企业也没办法离开北京，不管北京的房价地价有多高。

以科技企业为例。本来科技企业的重要任务是研发，并不需要设在大城市，比如硅谷并不在大都市，其靠近的三藩市也不是美国的十大城市。而著名的“三角工业园”开辟于北卡罗来纳州一片森林当中，里面驻扎着许多科技类大公司，感觉像是农村。

可是人不仅要工作，还有衣食住行、娱乐、医疗、子女教育等。于是相关的生活设施、娱乐设施、医院、学校就在那里慢慢建立起来。加上附近的罗利、德姆和教堂山三座城市的基础，现在工业园已经有相当的规模，旁边的高速公路已经由以前的四车道改为八车道。即便在2007—2009年的金融经济危机当中，这一区域受到的影响也很小。但我们的科技类企业大多在北京、上海、深圳等大城市，而其中又以北京聚集的科技类企业最多。究其原因，人才愿意留在北京至少是一个重要因素。

下一个问题是：北京发展的边界在哪里？这个问题是基于以下几个基本判断：一是北京集结着大量资源，二是政策的成本导致人们继续花费大量成本来试图分享政策资源，三是人的欲望是没有止境的。现在北京城区东扩的趋势已经形成，发展周边小城镇的政策也已基本通过。随着一个又一个周边城镇的繁荣，随着交通线路的发展、交通速度的提高，我们很难想象北京发展的边界在哪里。

这些关于政策资源和政策成本的分析，对世界上其他国家和地区也是成立的。世界上大多数主要国家的首都都是该国的最大城市，首都不是该国最大城市的有三种情况。第一，该国人口众多，首都是超大型城市，但是还有一个稍微更大的城市，比如中国、印度。第二，该国首都是一个新建的城市，虽然发展迅速，但是还不是最大的城市，比如巴西、土耳其、巴基斯坦、尼日利亚、坦桑尼亚。这些国家的原首都往往是现在的最大城市或至少是超大城市。第三，该国有着较短的前英国殖民地历史，实行联邦制，比如美国、加拿大、澳大利亚、新西兰。

结语——想念科斯

倘若本文的分析成立，那么北京的迅速发展就不仅仅是我国快速城市化进程的一个缩影，而且是经济发展中政策资源的重要性和政策高成本的一个反映。这二者的起源、现状和对经济进一步发展的影响都值得深思。

上文仔细分解了政策成本。需要再次强调的是，政策成本其实是一个经济体中交易成本的一个集中反映。上文讨论的在政策制定过程中的信息收集、汇总、分析和处理、方案的提出、利益的权衡、政策的试点和修正等，都是交易成本的反映。

让我们想象一个政策成本为零的国家。在这个国家里，所有信息包括任何有关经济生活的信息，都被准确无误地收集在一个信息库里，人们可以准确无误毫不费力地解读这些信息。这些信息自然也包括关于所有人的利益损害的信息，以及所有可能在政策选择中得失的信息。之后，再假定所有的预测和谈判的成本为零，假定产权得到严格的保护且保护的成本为零，那么根据科斯定理，这个国家的私人部门完全可以通过谈判达到最优的经济安排。因此，我们的结论是，政策成本为零的国家不需要政策，私人谈判可以解决一切问题，当然，这几乎是不可能的。

现在让我们回过头来看一看“政策资源”这个概念。土地、水、矿藏、资本、人口，甚至空气和阳光，这些都是资源，可以用来生产或消费，但是为什么政策也是资源呢？了解我国经济发展的人，基本都不会问这个问题，因为政策的作用太重要了。建国 60 多年来前后 30 年经济绩效的天壤之别就是经济政策的“资源性”的最好诠释。

可是“政策资源”到底是什么，又生产什么？答案是虽然这种资源什么都不生产，但是影响其他资源的使用，而这种影响常常是通过改变交易成本来实现的。在政策和交易成本之间，有的政策降低交易成本，如界定和保护产权的政策、信息公开化的政策等；有的政策提高交易成本，如限制竞争的政策、扭曲资源要素价格的政策、限制要素流动的政策，以及朝令夕改的政策等。与此同时，有些政策与交易成本的联系比较直接，例如有关会计准则的政策直接关系到信息披露；有些则关系比较间接，如货币政策等，通过利率和货币供应量的变动影响企业的流动性，并进一步影响企业间交易的难易程度——一笔交易可能会因缺乏流动资本而不能实现。质言之，经济生活中有很多交易成本就是由过去的政策造成的，而一些新的政策实际上也制造了新的交易成本。

如果政策资源和政策成本都源于交易成本，那么我们就需要更加仔细审视交易成本的重要性了。让我们再次回到科斯定理。科斯本人从未用文字明确表述过科斯定理，所以后人的表述很多，常见的一种表述是：如果交易费用为零，权利界定又是清晰的，那么外部性因素不会引起资源的不当配置，产权的初始分配不妨碍经济绩效。任何研究过科斯的人都会理解在科斯的眼里，产权对于经济绩效的基础性意义，因此科斯定理的着眼点只能在于前半句——“如果交易费用为零”。显然，现实世界的交易费用不可能为零，且远大于零，假想的世界对关注真实世界的科斯教授，只起到了参照和启发的作用。事实上，科斯教授曾强调过经济科学研究的假设要符合两个条件：一是真实，二是可操作。科斯明知真实世界充满交易成本而在1960年的文章中去分析一个没有交易成本的世界，也许他是想说：“无摩擦的世界在阿罗—德布鲁的模型里已经大致清楚了，我们已经有了一个很好的无摩擦参照系，去研究交易费用怎么样生成我们看到的真实世界吧”。

第十六章

真实利率与房价周期：中国、美国和日本的证据①

近年来，我国大中城市的房价快速上涨。昂贵且持续上升的房价提高了城市生产和生活的成本，占用了大量的经济资源，并引起资源向房地产行业进一步流动。倘若房地产真的存在泡沫，就会导致经济资源配置的扭曲。国际经验表明房地产泡沫的破灭会对经济全局产生严重的不利影响，需要引起我们的警惕。

在这样的背景下，房地产价格的过快上涨已经成为影响我国国民经济的大问题。对此，中央和各大城市纷纷出台房地产市场调控政策，其中包括与户籍挂钩的限购政策，提高首付比例和利率的金融政策，以及大量建造保障房的供给政策等。对飙升的房

① 本文写作于 2011 年 8 月。

价进行调控，公众大概没有太多的不同意见，但对于调控的具体政策、调控的对象和实际效果，就有了许多不同的声音。例如，保障房带有补贴低收入阶层的性质，用意是好的，但是补贴的对象如何确定，补贴的财务成本如何负担，社会上一直有不同的声音。再如，与户籍和在当地就业历史挂钩的限购政策，不利于外来人口向城市转移，与我国城市化的大背景、大趋势相背。

对于具体调控政策的不同意见，根源在于对房价大幅上涨的原因还没有清楚的认识，而对问题根源的清楚认识是采取有效对策的前提。总体说来，房价上涨的原因无非来自三个方面。

首先是居住需求的上升。在经济增长、居民收入提高及城市化发展的背景下，人们的居住需求实实在在地增加了，对居住面积、建筑质量，以及周围环境等方面的要求都提高了。这种需求的增加，在 20 世纪 90 年代以来我国住房供给模式发生根本变化，逐步实行住房商品化的大背景下，转化为大量的购房需求，拉高了房价[①]。

---

① 1994 年 7 月国务院发布《国务院关于深化城镇住房制度改革的决定国发〔1994〕43 号》，开启了城镇住房制度正式改革之路。该文件提出把城镇住房制度改革作为经济改革的重要组成部分，目标是要建立与社会主义市场经济体制相适应的新的城镇住房制度，实现住房商品化、社会化；把各单位建设、分配、维修、管理住房的体制改变为社会化、专业化运行的体制；把住房实物福利分配的方式改变为按劳分配为主的货币工资分配方式；建立以中低收入家庭为对象、具有社会保障性质的经济适用住房供应体系和以高收入家庭为对象的商品房供应体系；同时，建立住房公积金制度，建立政策性和商业性并存的住房信贷体系。1998 年 7 月国务院颁布《关于促进房地产市场持续健康发展的通知》，提出各地要根据城镇住房制度改革进程、居民住房状况和收入水平的变化，完善住房供应政策，调整住房供应结构，逐步实现多数家庭购买或承租普通商品住房。

其次是房屋供给方面的原因。要满足迸发的居住需求，就需要提供足够的住房。住房的供给包括土地供给和房地产开发两大环节。在供地环节，在保护耕地的基本政策下，城市向外扩张受到了土地供应的限制，因此土地供给不足被认为是房价上升的重要推力。

上述两个方面的原因一个讲需求，一个讲供给，讲的都是实实在在的供需关系。居住需求天经地义，耕地保护也理直气壮，倘若房价的上升由这二者导致，则房价的调控确实面临着难题，甚至可以说没有什么调控的空间，因为你不能调控居民的居住需求，也难以一下子大幅增加供地。这些实实在在的供需关系决定的价格信号，是市场经济中最重要的稀缺资源，这样使得调控房价反而会扭曲价格，不利于资源配置。但是，如果房价大幅上涨本身就扭曲了供求关系的话，则另当别论，因为此时的房价已经是被扭曲的价格信号。

这就把我们引入到房价上涨的第三个可能的原因——投资。为投资而买房是因为人们预期房价会上涨，所以下一步要追问的是为什么人们预期房价会上涨。仔细分析预期的形成原因和机制，我们发现原因之一是收入增长和城市化导致的住房租金的上涨，另一原因则是实际利率太低。理论上，房价等于未来租金流的贴现值。在给定未来租金流的情况下，实际利率通过影响贴现率而影响房价。在一般情况下，贴现率随着实际利率的下降而下降，使得房价随着实际利率的下降而上升。与此同时，房价对实际利率的变化非常敏感，这样一来，低利率就成为房价上涨预期的又一个重要原因。从逻辑上讲，如果是低利率推高了房价，而低利率本身又是扭曲了的价格信号，那么高房价也是扭曲的价格信号，应该成为调控的对象，并且调控方法也要从扭曲的根源——低利率入手。①

基于租金流现值的房价决定

一个代表性家庭满足居住需求有两种基本方式：租房或者买房。买房相当于一次性支付未来许多年的租金，因此房价应该等于未来租金流的贴现值。

给定当前租金，房价由长期平均贴现率和租金增长率决定，贴现率等于无风险利率加上风险贴水②。

无风险利率衡量的是资金的机会成本，在我国目前居民缺乏更多的安全投资机会的情况下，大致就是存款利率。购房投资的风险贴水由购房投资的风险大小决定，如果人们对房地产价格上升有稳定的预期，则风险贴水变小。租金增长率分为两个部分：

---

① 有关文献中分析房价上涨的另外一个角度是我国快速城市化背景下居住需求的快速增长，具体的角度包括人口结构、教育程度，等等，参见徐建炜、徐奇渊和何帆等人的研究。本文认为这些可以稳定预期的因素可能可以帮助理解房价上涨的趋势，但是难以帮助解释房价的波动，本文从真实利率变化的角度理解房价增长率的变化。

② 风险贴水（Risk Premium），又名风险溢价，是指人们为规避风险而支付的货币数额。风险越大，则风险贴水越高。

实际租金增长率和通胀率，前者由实际的居住需求和住房供给均衡决定，后者则引起租金增长率的额外增加。在房价与租金的比率中，给定租金变动不大，通胀率上升一个百分点，可能导致房价上涨 50%；通胀率下降一个百分点，房价则可能下降三分之一。

考虑到我国长期以来实际利率偏低甚至为负[①]，如果我们把实际贴现因子调整为 1%，则房价租金比将达到 50 倍，在租金不变的情况下，房价将上升 50%。实际上，目前一些大城市的房价租金比已经达到了 40~50 倍的水平，佐证了上述数据的现实可能性。这一敏感性的直觉解释是，房价是未来无限期租金的贴现值，微小的贴现率的变化，作用到未来每一期的租金，累积起来反映到房价上就可能产生很大的变化。

房价对通胀率非常敏感。一般来说，通胀率通过两个渠道影响房价：一是直接影响实际利率，通胀率上升则实际利率下降，导致房价上升；二是通过影响风险贴水。通胀率上升导致房价上升，如果人们对通胀的预期稳定，那么房价上升的预期也稳定，购房投资的风险下降，而风险贴水随着通货膨胀率（含预期）的上升而下降，导致贴现率进一步下降，房价进一步上升。因此，通胀率上升对房价上涨有一个加速的作用，这一加速作用通过风险贴水的正反馈机制实现。

① 1987 年以来我国一年期存款实际利率平均为 –0.46%，2001—2010 年平均为 0.29%。

在名义利率[①]可以灵活调整的情况下，名义利率随着通货膨胀率变动而变动，帮助实际利率维持在相对稳定且合理的水平，防止包括房地产在内的资产价格的过快上涨和大幅波动。但是我国现阶段的实际情况是，名义利率总体偏低，变化幅度小，且严重滞后于通货膨胀率的变化。所以实际利率基本由通胀率反向决定，总体水平偏低，且经常为负。通货膨胀率的大幅波动导致实际利率的大幅波动，进一步通过风险贴水的同向变动，导致房价的大幅波动。在实际生活中，居民存在相当长的一段时间内通货膨胀压力较大的预期，且名义利率不会太高，因此低甚至为负的实际利率会保持相当长的一段时间，形成房价上涨的稳定预期。在这一预期下，购房投资的风险较小，因此风险贴水也较小，进一步导致房价上涨。

上述逻辑可以简单阐述为：在实际利率较低或为负的情况下，存钱就等于“赔钱”，人们的财富面临缩水的威胁，进而逼迫人们把储蓄转化为其他能够保值增值的资产。换句话说，实际利率为负的效果是逼迫人们投资。在投资渠道不畅，人们的储蓄无法获取资本的边际报酬的情况下，房屋这一具有稳定的未来收入流的

---

① 名义利率，是央行或其他提供资金借贷的机构所公布的未调整通胀因素的利率。2001 年以来，我国一年期存款名义利率最高为 4.14%，最低为 1.98%，波动范围为 2.16%，而通胀率最低为 –1.8%，最高为 8.7%，波动范围为 10.5%。而且，名义利率的调整显著滞后于通胀率的变化。例如，2008 年 12 月以来我国一年期实际存款利率为 2.25%，一直保持到 2010 年 10 月开始加息，而通胀率在 2010 年 2 月就到了 2.7%，我国从此进入了负利率状态，直到 2010 年 8 月，利率也只有 3.5%，实际利率为 –2.9%，负利率状态已经保持了 18 个月。

资产成为理想的投资选择，投资性购房帮助推高了房价。

上面的讨论是基于一些简单化的假设来进行的，这些假设有助于把逻辑说清楚，不影响基本的结论。下面我们对这些假设做一些讨论。

首先，我们假定租金增长率不受通胀率的影响。短期内通胀率对实际租金的影响有限，长期内租金增长率由实际居住需求和有效租赁供给的增长决定。房价的上涨可能会引起住房供给的增加，租金降低，其他买不起房子的人可能转向租房市场，导致租金上升。这些部分会相互抵消，长期的租金增长还是由总的供需状况决定。

其次，上述讨论依然是基于人们购房是基于理性预期的假设，没有考虑一些短期投机的因素。例如，人们预计房价在短期内上涨，因而购房并等待房价上涨。这种行为会使房价上涨到超过其基本面，即未来租金流的现值水平。而且短期投资者越多，偏离的程度会越大。需要指出的是，这些投机行为是基于房价上涨的预期，基于实际利率偏低的前提，在此前提下加入了更多的投机因素，进一步加剧房价波动。①

最后，上文的讨论没有考虑购房投资的杠杆率，也就是人们

① 关于投资行为推高房价上涨的逻辑，参见 Harrison 和 Kreps（1978）的讨论。关于投资者的短期行为进一步推高房价，参见 Shleifer 和 Summers（1997）。另外，住房市场缺乏卖空机制，是另一个泡沫易于形成的原因。关于卖空约束导致资产泡沫的讨论，参见 Scheinkman 和 Xiong（2003）。

可以借钱进行购房投资，这样就放大了购房投资的收益率。简单地说，房价每上涨10%，三倍杠杆率（首付33%）的收益率就是30%，这使得不到5%的房贷利率显得微不足道。在房贷利率较低，杠杆率高达3倍以上的情况下，购房投资成为成本低（房贷利率低），风险小（房价上涨预期稳定），收益率高（房价上涨预期加上杠杆率）的行为。这一考虑，使得购房投资更加有吸引力。

我国房价变动的时间序列分析

上文讨论了真实利率对房价的巨大影响，指出房价的大幅上升，特别是房价租金比的大幅上升，可能是由真实利率偏低引起的。本节利用实证数据检验这一可能性。

1999年以来我国35个城市房价迅速上升，特别是北京、上海两个特大城市。具体来说，全国房价每年平均上涨5.2%，上涨的速度在2004年和2007年达到局部的高点，分别为9.7%和16.0%，而且，房价上涨呈现出加速的趋势。2004年以来房价上涨速度明显加快，2004—2008年年均上涨8.9%，只是在2009年出现了增速的回调。北京和上海两个特大城市的房价上涨趋势与全国大致相同，但是在波动上不完全一样。需要指出的是，数据显示的增长率与现实的感受相比有较大的差异，明显低于现实中的观察。如果房价每年增长5.2%，那么11年房价上涨75%，不到1倍，而现实中观察到的房价上涨幅度远远超过这一水平，因此统计数据对房价上涨可能存在系统性的低估。在没有更好的数据的情况下，我们对这一套数据进行分析，以期得出一些有参考价值的结论，但是解读实证结果时要特别谨慎。

房价波动与实际利率波动的关系，实际利率我们采用的是一年期存款利率（即年内每个月一年期存款利率均值）减去当年的通胀率。首先，1999年以来我国真实利率平均较低，且除了2009年外，一直处于下行的趋势。1999年以来的真实利率平均只有0.9%，如果去掉1999年的4.3%和2009年的2.9%，则只有0.3%，其中2004、2007、2008年这三年的实际利率为负数。1999年的情况是我国没有走出1997年年底开始的通货紧缩，2009年的情况是受全球金融危机影响，我国的出口大幅下滑，通胀大幅下降，居民消费价格水平在2—10月同比负增长，环比增速很慢。其次，房价的变化与真实利率的变化呈现明显的负相关关系。在趋势上，房价增速总体呈现加速上涨趋势，而真实利率呈现下降的趋势，二者变动在趋势上是吻合的。在波动上，房价增长较快的年份，都是实际利率较低的年份，二者的反方向波动非常显著。比如，在房价上涨最快的2004、2007、2008年，真实利率都显著为负，且都小于–1.5%。而在房价增速回调或者下降的年份，真实利率都经历了明显的上升，如2005、2006、2009年。

在反映房价与利率变化关系的数据里，存款利率，反映的是资金的机会成本，我们使用的住房贷款利率，反映的是借贷成本。当然，人们购房只有一部分贷款可以用住房公积金贷款，但是各种贷款利率的趋势是相同的。这里面需要指出的一点是，我们的实际利率是用利率减去当期的通胀率，也就是说我们没有考虑向前预期的通胀。考虑到名义利率的波动很小，这最多影响房价波动与利率波动的前后滞后关系，不会影响基本的规律。

2005 年 7 月到 2007 年 4 月，房价稳步上升，波动不大，在此期间贷款的真实利率水平也较为稳定，基本在 2% 以上。2007 年 4 月以后，由于通胀率大幅上升，真实利率大幅下降，到 7 月，真实房贷利率变负，且一直延续到 2008 年 7 月。对应地，这一段时间也是到那时为止房价上涨最快的时期。从 2008 年 8 月开始，随着加息和通胀率下降，真实利率上升，房价增速也逐步减慢。2008 年年底至 2009 年年初，房价经历了短暂的下降，实际利率在 2009 年 3 月攀升到约 4% 的水平，在此期间房价经历了 2005 年以来唯一的一次下跌。2009 年年中以来，我国经济反转，通胀率迅速上升，导致实际利率迅速下降，房价重拾升势，这直接导致了 2010 年 5 月出台并持续至今的房地产调控政策。有一点值得指出的是，2007 年 7 月到 2008 年 7 月，因为实际贷款利率为负，意味着只要借到钱就赚了，即使房价不涨也可以赚钱，借贷的动机很强，而消费者借钱的主要方式就是房贷，在这种情况下房价上涨毫不奇怪，扭曲的利率水平对房价的影响可见一斑。

根据上文的分析，利率通过影响居民的资产组合而影响房价，其中一个路径是通过“存款搬家”。如果实际利率为正，居民可以把资产放在存款上吃利息；倘若实际利率为负，居民则不得不进行增值保值，买房就是办法之一。买房的结果就是存款搬家，从居民储蓄存款转变为企业存款。图 16–1 表明，房价上涨与居民储蓄存款增速负相关，与企业存款增速正相关，而居民储蓄存款与企业存款负相关。[①] 另外，这两类存款的反向变动与实际利率的变动在时间上也吻合。

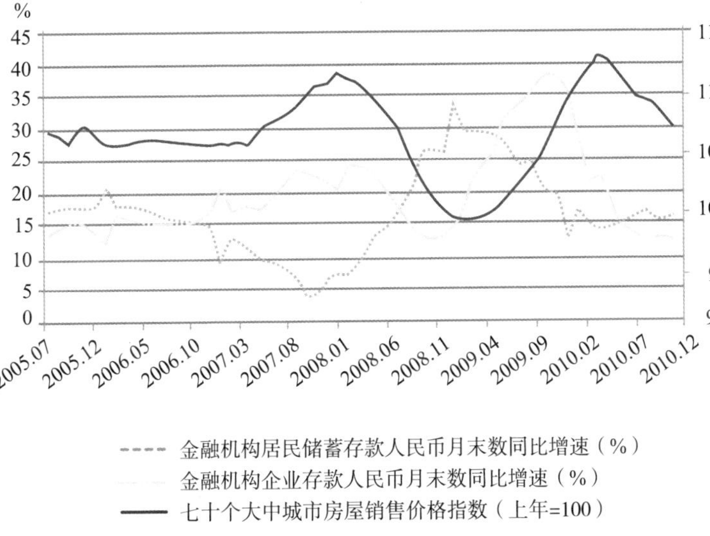

图 16–1　房价波动与存款搬家

数据来源：CEIC 数据库

---

① 2009 年年初企业存款大幅增加，领先于房价的上涨和居民储蓄存款的下降，可能与 2009 年年初的大规模财政刺激导致企业存款增加有关。2010 年企业存款增速下降，且时间上早于房地产价格增速的变化，与 2009 年企业存款基数大，以及 2010 年 4 月以来的房地产市场调控有关。

国际经验的启示

本节利用国际的经验进一步佐证上文的讨论结果，在此，我们主要分析两个主要发达国家：美国和日本。

美国

2008 年爆发的全球金融危机，源于美国的次贷危机，也就是美国房地产泡沫的破灭。本节从利率变化的角度分析美国房地产泡沫的起因。图 16–2 是美国房价指数与真实房贷利率（15 年期，当期房贷利率）的关系。为了剔除利率的短期波动，我们对利率进行了 HP 滤波[①]，滤波参数为 14 400。图 16–2 显示，美国 10 个大城市房价综合指数在 1998 年以前基本没有上涨，在此期间真实房贷利率（15 年期）也基本没有变化，保持在 5% 左右的水平。1999 年通胀率开始上升，房贷利率调整不足，真实房贷利率开始下降。此后美国股市泡沫在 2000 年破灭，美国经济在 2001 年 3 月进入衰退，直到 2001 年 11 月结束。美联储在 2001 年 4 月开始降息，基准利率从 2001 年 1 月 6% 的水平一路降到 2003 年 6 月 1% 的水平，并且在 2004 年保持低利率。虽然美联储在 2004 年 6 月 30 日开始加息，但是到年底也只有 2.25% 的水平，而此时通胀率已经在 3% 以上。因此，美国在 2001 年以来实行低利率政策，且

---

① 是由 Hodrick 和 Prescott 于 1980 年在分析美国战后的经济时首先提出的。这种方法被广泛地应用于对宏观经济趋势的分析研究中。——编者注

把低利率保持了很长时间，客观结果就是形成了 1999—2005 年之间的房贷实际利率的一路下降。与此相应，在此期间的房地产价格一路上升，直到 2006 年 4 月出现拐点，而此时也正是实际利率开始触底回升的时候。

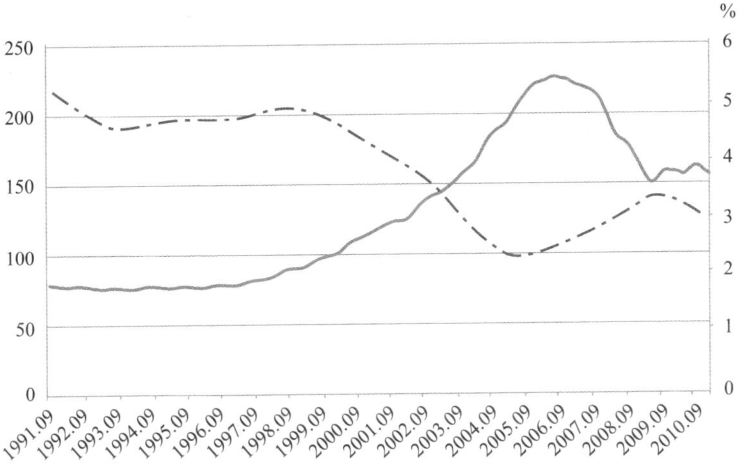

图 16–2　美国房价波动与真实利率

数据来源：美联储圣路易斯分行数据库

美国土地资源充裕，土地市场发展完善，房屋的供给受到土地供给的影响很小。然而，美国房地产泡沫依旧可以形成，表明在土地供给充裕的情形下，低利率依然可以大幅推高房价。在 2002—2006 年的房地产泡沫中，一些地广人稀的地区如亚利桑那州、内华达州和北卡罗来纳州，尽管当地土地供应非常充裕，但这些地区的房价依然快速上涨，说明即便大幅增加土地供给，房价依然可能会大幅上涨。从理论上讲，房屋供给的增加速度比较慢，而房屋的需求，特别是投资需求，可以随着预期的变化而快速变化。也就是说，房地产市场的特征决定了房屋的供给弹性必然远小于需求弹性，这也就决定了房屋供给的增加速度不可能跟上需求的上升速度，特别是投资性购房需求的上升速度。这一特征为泡沫的滋生创造了条件。在这种情况下，增加供地对抑制房价“药不对症”，效果也必然有限。因此，房价调控的政策，应该首先着眼于利率，而不是土地供给。

需要进一步指出的是，即便在美国次贷危机形成的时期，美国的实际房贷利率也远高于我国近期的实际房贷利率。1999 年 1 月—2006 年 3 月，美国 15 年期房贷真实利率平均为 3.49%，且绝大部分时间都在 2% 以上，只在 2004 年第 4 季度和 2005 年 8—10 月短暂低于 2%，但是平均也有 1.8% 和 1.2%，从未达到负利率的状态。相比之下，我国的实际利率低得多，5 年期以上真实房贷利率在 2004 年房价开始快速上涨以来平均只有 1.46%，比美国低了多达 2.03 个百分点（如果考虑到美国房贷期限较长，实际差距更大）。而且我国经常处于负利率状态。2004 年 5—10 月、2007 年 7 月—2008 年 7 月，我国利率处于负利率的状态，在 2010 年 10 月又进入了负利率的状态，一直到 2011 年 6 月。上述指的是 5 年期以上房贷利率为负，如果考虑居民存款利率，一年期存款实际利率在 2010 年 2 月就进入了负利率状态，而且显然还会保持一段时间。另外，这里还没有考虑可能存在的通胀率被低估的情况。美国次贷危机的经验表明，即便没有收入增加、城市化、供地紧张等因素，如此低的实际利率也足以推动房价大幅上涨，也就是说，以负利率一己之力足可以推高房价。考虑到这一因素，关于房价的讨论应该首先专注于实际利率，而不是其他因素，包括供地因素。

日本

1991年日本房地产泡沫的破灭揭开了日本经济长期低迷的序幕，很多人将之归因于签置《广场协议》和《卢浮宫协议》后日元大幅升值。但经过仔细分析日本汇率、利率、通货膨胀率和国内经济增长情况的变化，我们发现日元升值既不是日本房地产泡

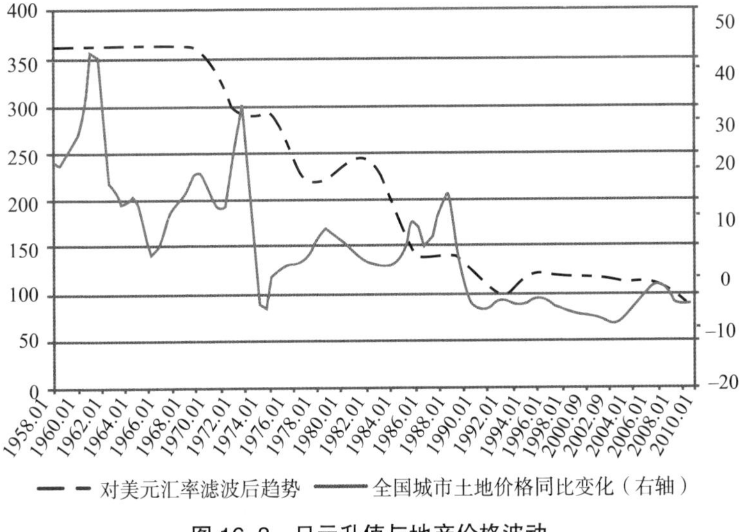

图 16–3 日元升值与地产价格波动

数据来源：CEIC 数据库

沫的充分条件，也不是资产泡沫的必要条件。而长期偏低的实际利率，以及实际利率的波动，才是日本房地产泡沫和地产价格波动的元凶，汇率在整个过程中最多起到了间接的作用。

1958 年以来，日元兑美元汇率的变化和日本全国城市土地价格同比变化显示，两者似乎存在一定的对应关系。在汇率方面，日元升值与布雷顿森林体系的解体以及一系列的货币协议联系在一起。1958—1970 年日元盯住美元，汇率稳定在 1 美元兑换 360 日元的水平。1971 年 8 月 15 日，美国总统尼克松实行新经济政策，美元对黄金贬值 7.89%，每盎司黄金的官价由 35 美元提高到 38 美元。同年 12 月，十国集团在华盛顿达成《史密森协议》(Smithsonian Agreement)，调整货币比价以维持布雷顿森林体系，美元贬值。1973 年美元危机再次爆发，主要工业发达国家先后实行浮动汇率，布雷顿森林体系解体，《史密森协议》随之失效。相应地，日元开始对美元升值，从 1971 年年初的 1 美元兑 360 日元升值到 1972 年 2 月的 300 日元，到 1973 年 3 月进一步升值到 260 日元，累计升值 38%。然而，这只是日元升值的序幕。1978 年 4 月的《牙买加协定》(Jamaica Agreement)、1985 年 9 月的《广场协定》(Plaza Accord)、1987 年 2 月《卢浮宫协议》(Louvre Accord)，都促进了日元的进一步升值。

在城市土地价格方面，日本城市土地价格在 1958—1970 年快速上涨，年均上涨接近 20%，这是在日本 20 世纪五六十年代的快速经济增长和城市化的背景下发生的。在这 20 年间，日本 GDP

年均增长 7.6%，城市化水平从 1950 年的 37.7% 增长到 1960 年的 63.9%，再到 1970 年的 72.1%，城市化基本完成。到 1975 年，日本城市化率达到 78.6%，此后稳定在这一水平。

日本地价在 1970 年以后出现了两次快速上涨，分别在 1973—1974 年和 1987—1990 年。这两次快速上涨之前，都发生过日元的快速升值，分别在 1971 年 8 月—1973 年 3 月和 1985 年 9 月—1986 年 8 月，升值幅度分别为 36% 和 52%，这种对应关系显示了汇率升值与房地产价格上升之间有某种关联，也是很多人把日本的房地产泡沫与经济低迷归因于日元升值的实证基础。

需要进一步讨论的问题是日元升值是如何导致房地产价格上升的。在回答这个问题之前，首先注意的是日元升值发生在房地产价格上涨之前，而且当房地产价格开始上升时，大幅升值都已经基本结束了。因此，在升值预期下热钱流入而推高房价的论点很难成立，因为升值结束后流入的热钱，如果存在的话，也与升值预期无关，最多与升值“历史”有关。下面需要进一步讨论的问题是房价上升是如何与汇率升值的“历史”产生关联的。①

一个可能是，日元升值通过影响出口而影响日本国内经济增长。而为了刺激国内经济增长，日本政府实行刺激性经济政策，包括宽松的货币政策，由此导致的低利率推高了房地产价格。这

---

① 在布雷顿森林体系下，资本流动受到严格管制。布雷顿森林体系解体以后，资本开始自由流动，但是资本流动的总量在 20 世纪 70 年代还较少，对日本国内资产价格的影响应该不大。

一猜测得到了实证数据的支持，具体表现在四个方面。

首先，半个世纪以来，上文提到的两次地产价格快速上涨都伴随着实际利率的大幅下调。1973—1974年，由于通胀高企，真实利率从1972年9月的1.3%迅速下降到1974年2月的–17.9%，并保持在小于–10%的水平，直到1974年年底。同样，1987—1990年的房价上涨也伴随着一次实际利率的显著下降，一年期实际存款利率从1987年1月的3.5%下降到1989年5月的–0.6%，并保持低位，直到1990年利息大幅上调。这一次实际利率的下降，由日本央行1986年开始的大幅降息，以及1987年开始的通胀率回升，共同促成。

其次，只有伴随着实际利率降低的汇率升值，才有房价的快速上涨，而没有实际利率配合的汇率升值，之后并没有发生房价的快速上涨。如1976年4月至1978年8月，日元快速升值——从1美元兑约300日元升值到兑190日元，升值了58%，然而，房价在这一时期并未大幅上涨。1980—1981年，房地产价格的上涨速度略微高于那一时期的均值，这一次上涨也伴随着一次短暂的实际利率下降。由于实际利率很快回升，这一次地产价格加速上涨的幅度不大，且增速很快回落。再如，在汇率大幅升值的1985年9月到1986年8月，尽管日元升值了大约50%，由于实际利率处于较高水平（2.63%）——实际上是20世纪60年代以来的最高水平，房地产价格的增速实际上处于整个20世纪60年代到80年代的一个低谷，增速不到3%。[①] 这一证据，在研究日本经验时，特别是《广场协议》对日本经济的影响时，应该注意。

再次，在汇率没有变化而地产价格大幅上涨的时期，也伴随着实际利率的下降。日本地产价格上涨最快的时期是在1960—1963年。四年间，日本地产价格分别上涨了约30%、42%、23%和16%。此时世界货币体系还处在布雷顿森林体系时代，实行固定汇率，日元没有升值，因而也不能导致这一日本有记载以来最快的地产价格上涨。究其原因，依然是实际利率的大幅降低。1958—1959年日本的实际利率为5.4%，而此后由于通胀率的快速上升及名义利率的基本固定，1960—1963年的实际利率分别为2.1%、0.001%、–1.5%和–2.4%。

最后，实际利率的回升，往往伴随着地产价格的下降或者增速放缓。最直接的证据就是1991年日本房地产泡沫的破灭，就是由于大幅提高利率所致。日本地产价格在1990年以前经历了两次显著的增速放缓时期，一次是在1965—1966年，另一次是在1975—1976年。这两个时期，真实利率都处于上升的趋势当中，真实利率的大幅上升导致了房地产价格的增速大幅回落，甚至在1975—1976年还出现了短暂的价格下降。

上面的分析表明了利率波动是房地产价格波动的真正原因，

---

① 1960—1980年，只有实际利率大幅上升的1975—1976年，房地产价格的增速更低，年均为–1.9%。但是在这一时期之前，房地产价格刚刚经历了1973—1974年年均超过22.4%的上涨。

汇率的波动既不是房价波动的充分条件，也不是房价波动的必要条件。然而，我们依然不能排除的一个可能是：汇率升值可能会影响国内经济增长，而日本政府为了刺激经济增长而采取降低利率的政策——这一逻辑在《广场协议》之后的经历中得到了验证。

1985—1987年日本GDP的增长率分别为5.08%、2.96%、3.79%，通胀率分别为2.5%、0.615%、0.122%。显然，1986—1987年日本经济增长速度快速下滑，且处于通货紧缩的边缘。实际上，1986年9月到次年3月，日本CPI累积下降3%，最低点在1987年1—2月，分别下降超过1%。在这样的背景下，日本采取政策刺激经济，从1986年起大幅下调利率。一年期存款利率在1986年1月为4.66，到了当年12月已经下调到2.33，降低了一半。一年期贷款利率在1986年1月为5.91%，年底降到5.08%，于1987年6月继续降到约4.6%的水平，并一直保持到1989年。在此期间，日本的一年期存款实际利率在1986年至1987年年初因为通胀率低而位于较高水平，到1987年2月还有3.46%。此后，宽松的货币政策生效，通胀率回升，实际存款利率开始下行，1987年12月下降到1.54%，1988年12月为1.21%，1989年5月进入负利率时期，并保持低位，直到1990年4月利率大幅上调1.2个百分点。

最后需要指出的是，1987—1990年日本的房地产价格上涨与此前的房价大幅上涨相比，涨幅并不十分突出。这里面有两点需要指出。其一是1987—1990年的房地产价格大幅上涨是在此前约30年的快速上涨基础上发生的，高位之上的继续增长进一步突出了负利率对房地产价格的巨大推力；其二是日本的实际利率水平一直较低，负利率是一种常态，实际利率偶尔有超过2%的时候，但是很快就会回落。长期的低负利率不仅帮助造就了日本的经济奇迹，也造就了巨大的资产泡沫，以及泡沫破灭后的经济低迷。研究日本经验，不可局限于20世纪80年代的汇率升值的宽松货币政策，日本长期奉行的低利率政策才是真正的根源，低利率的巨大代价也值得我们警醒，它导致了日本房地产的巨大泡沫，也导致了泡沫破灭以后日本经济的长期低迷，日本经验总结起来最重要的一点就是：低利率政策不可持续。

利率合理是宏观调控的根本

如前文所述，房价的上涨有三个可能的原因：居住需求的上涨，住房供给的不足和投资性购房的大幅上涨。本文的研究表明低利率背景下的投资性购房需求，是房价快速上涨的重要原因。1999年以来，我国房价快速上涨的时期都是实际利率很低的时期，也再次说明房价的波动与实际利率的波动息息相关。

实际利率的偏低和大幅波动，源于我国目前的宏观经济环境，名义利率偏低且滞后于通胀率的波动。名义利率偏低，导致货币需求偏大，而货币需求偏大又导致通胀率上升，进一步导致了实际利率偏低并且货币需求进一步增加，这就形成了一个恶性循环。如果利率可以灵活调整，那么提高利率就可以抑制货币需求和通胀，否则，就必须采用其他手段压制货币需求，而目前的手段主要包括信贷额度控制和提高存款准备金率。信贷额度控制相当于信贷配给，简单来说就是一些好的项目得不到融资。提高存款准备金率，就是控制商业银行的可贷资金，结果就是使得部分货币需求得不到满足。从本质上说，信贷额度控制与提高存款准备金率都是数量控制方法，是非价格政策工具。

简单概括就是，一方面低利率催生信贷需求，另一方面非价格政策工具控制膨胀的信贷需求，这二者之间形成的巨大张力，是我国当前宏观经济的一个重要背景。在均衡状态下，利率应该等于资本的边际报酬。但目前我国的资本边际报酬很高，而利率很低，客观上形成了贷款需求大于供给的巨大缺口。

倘若非价格工具可以替代价格工具，即数量控制可以替代利率调整，则上述问题不难化解。但问题就在于，数量控制难以替代利率调整的作用。利率调整是从根本上调整对信贷的需求，而提高利率后，一些信贷需求变得无利可图，从而又从根本上减少信贷需求。而数量控制只是压制了信贷需求，但一方的需求被压制，另一方的需求可能“鼓”出来，防不胜防。虽然名义上管住了信贷的扩张，但是由于利率是重要的相对价格，会影响各种资源在空间、行业和时间上的配置，单纯从数量上控制信贷无法触及方方面面的资源配置。

所以最终的问题是：为什么不提高利率？原因可能有如下几个方面：一是利率政策的制定受到各方面力量的影响，其中借贷企业，特别是国有企业的影响较大，而这些企业希望压低利率，从而压低资金成本；二是出于对商业银行系统的保护，压低存款利率而保持较大的存贷利差。由于历史的原因，我国商业银行系统出过巨额的坏账，清理之后对商业银行的保护在决策中可能占有相对重要的地位；三是在经济增长背景下，汇率扭曲导致利率被动压低。近10年来，我国经济的增长速度很快，但贸易部门的技术进步也很快，出口大幅增加，人民币面临升值压力。1997年之后，人们币汇率一直盯住美元，直到2005年开始渐进式调整。在人民币单边升值预期下，或存在由于担心提高利率会加速热钱流入而压低利率的情况。

在上述三个原因中，前两个属于对特殊群体的保护，出发点不是经济效率而是其他考虑，故不在本文讨论范围之内；第三种考虑涉及汇率调整的滞后，以及在汇率被低估的背景下压低利率的合理性，这一逻辑正确与否有待进一步讨论。外资流入可以投资银行存款而获取利息收入，也可以进行实物投资获取更高的收入，只要有某种投资的收益率高于外资在本土的收益，外资就会流入。因此，阻止外资流入，就要压低所有投资的收益率，但这既无可能，也无必要。

第十七章

高房价与低生育意愿[①]

根据第六次全国人口普查（以下简称“六普”），我国的总和生育率为 1.18，[②] 其中城市的总和生育率为 0.88，农村为 1.44。这个生育率远低于世界平均水平（2.45）、OECD 国家平均水平（1.7）、

---

① 本文作者为潘莉、徐远，同时感谢曾毅、赵耀辉教授以及“新时期中国人口与经济发展战略论坛”参与者的意见和建议。

② 普查或抽样调查中得到的总和生育率数据一直存在诸多争议，主要原因在于调查中存在的漏报和瞒报问题。2000 年进行的第五次全国人口普查最初得到的全国生育率为 1.22，发布后引起了很多争议和怀疑，之后统计局和学者运用了各类方法对这一数据进行修正。例如，Retherford 等人（2004）利用亲生子女法、生育史重构法和胎次递进比方法分析了 1990 年代生育率的下降过程，认为 2000 年总和生育率为 1.58。陈卫（2009）运用历年分年龄性别小学生在校人数反推历年出生人数，估计 2000 年生育水平处于 1.71~1.77。第六次全国人口普查数据同样会存在漏报、瞒报问题，当前的数字 1.18 可能低估了我国的生育率水平。本文的研究中利用的是当前统计局给出的原始的省级城镇生育率水平，不对结果进行任何的修正。即使存在数据质量问题，文章假定各省的数据质量是同质的。

其他金砖国家的生育率、以及替代生育率水平（2.1）。即便和日本（1.39）、俄罗斯等生育率偏低（1.54 左右）的国家相比，我国的生育率也要显著低很多。

在世界主要国家和地区中，中国港澳台地区、中国内地和新加坡的生育率都比较低且这些地区或国家都是以华人为主导的，似乎存在一个“华人地区低生育率”之谜。考虑到日本、韩国的生育率也显著低于世界平均水平，也可以说有一个“东亚地区低生育率”之谜了。在我国劳动力资源出现短缺迹象，人口老龄化在人均收入依然较低的情况下迅速逼近的背景下，这一情形引人担忧。华人或者东亚地区的低生育率之谜很难用文化因素来解释，Steven（2005）[①] 根据 2002 年美国人口调查局进行的美国社区调查数据发现，在美华人的生育率高达 2.3，而同年联合国报告的中国国内的生育率只有 1.7，韩国裔移民生育率为 1.6，而韩国国内的生育率为 1.2。这种现象在非亚裔的移民中也广泛存在，这种剔除了文化因素的生育率差异是经济分析的对象，也是本文的关注点。

同时这也很难用文献中常见的影响因素来解释。对于生育率的已有研究表明，收入增加、女性劳动参与率上升、女性受教育水平提高等因素都会引起生育率水平下降，但是这些因素对于解释华人地区的低生育率作用很小。例如，华人地区的生育率低于 OECD 国家，人均收入也低于 OECD 国家，倘若华人地区人均收

① Steven A. Camarota, 2005, Birth rates among immigrants in America: comparing fertility in the U.S. and Home Countries, Center for Immigration Studies.

入提高到目前 OECD 国家的水平，生育率则会进一步下降到更低的水平，而不是相反。2010 年新加坡、中国香港和中国澳门的女性劳动参与率分别是 53.1%、49.2% 和 64.9%；同年，美国、英国和法国的女性劳动参与率分别为 52.5%、51.7% 和 46.2%，和前者没有显著的差异。2009 年中国香港和中国澳门的女性受教育水平也没有美国、英国、法国等国家或地区的高，但是香港、澳门的生育率却要低得多。

考虑到影响生育率的常见因素后，中国内地的低生育率情况比六普数据显示的情况更为严峻。首先，生育率随着收入水平的上升而下降。其次，我国城市的生育率显著低于农村，差距达到 0.56。考虑到我国处于城市化迅速发展的阶段，倘若现状不加以改变，则不久的将来，我国的生育率还会大幅降低。最后，北京、上海等直辖市的城乡总和生育率已经显著低于收入更高的澳门、香港、台湾以及新加坡的生育率水平。由于生育率会随着收入的提高而下降，这意味着我国的生育率水平还会进一步下降。另外，东北三省（黑龙江、吉林、辽宁）的生育率也非常低，分别只有 0.75、0.76、0.74，和北京、上海的水平差不多，东北三省的城市生育率（0.67、0.59、0.61）甚至低于北京和上海。①

同时，中国内地特有的计划生育政策也难以解释城市的生

① 为何东北三省生育率特别低是一个有待研究的现象，一些相关的观察是，东北三省的人口流动性比较高，可能降低生育率，另外根据六普数据，东北三省的离婚率在各省、市、自治区中是最高的。

育率的水平和变化。在六普数据中，已经有 20 个省市的城市生育率降到了 1 以下，低于“独生子女”政策所限制的孩童数目。D Gale Johnson[①] 教授（1999）曾指出，中国城市生育率降低速度最快的时间段发生在 20 世纪 50 年代到 60 年代中期，即在计划生育率政策真正实施之前，下降比例要高于生育政策实施后的十年时期[②]，主要是由育龄妇女劳动参与率的提高和城市住房面积小两个原因导致，“一孩政策”的效果并没有政府所想象的直接和显著。山西省翼城县“晚婚晚育加间隔”政策的试验也为这一论断提供了依据［梁中堂和谭克俭（1997）］。而美国华裔的生育率水平说明华人的生育意愿并未下降到国内这么低的程度，且考虑到移民人群的高收入、高教育情况，同期的国内居民生育意愿本该比移民人群高，那么如此低的生育率要如何解释？

一些较新的研究从房地产价格的角度研究生育率，主要的思路是购房与生育抚养小孩之间存在着竞争资源的关系。这一想法

---

① Johnson, D. Gale, 1999, Population and economic development, *China Economic Review* 10, 1-16.

② 1995 年 8 月中华人民共和国国务院发布的白皮书《中国的计划生育》指出，中国在全国范围内实行计划生育从 1973 年正式开始。事实上，全面推进计划生育政策为 20 世纪 80 年代。在 1950—2010 年人口出生数据中，城镇人口出生率在 1963—1973 年从 44.5‰ 下降到 17.35‰，1973—1983 年从 17.35‰ 下降到 15.99‰，20 世纪 80 年代几乎稳定在 16‰。由于统计局没有公布 1967—1970 年，1987—1988 年的城镇人口出生率，本文以全国人口出生率为佐证数据，1963—1973 年出生率从 43.37‰ 下降到 27.93‰，1973—1983 年出生率从 27.93‰ 下降到 20.19‰，20 世纪 80 年代几乎稳定在 21‰。

沿袭了加里·斯坦利·贝克尔在1960年提出、之后被文献称为“新家庭经济学”的思路，认为生育率的高低取决于生育需求的收入效应和替代效应。之前的实证研究主要集中于探讨劳动市场上的收入和替代效应，较少从消费品市场入手。而事实上，家庭所面对的整个消费品市场价格体系的变化都可能导致生育的影子价格上升或下降，而耐用消费品尤其是住房占家庭消费计划中很大的一个部分。[①]

住房主要从两个方面影响家庭的生育率决策：其一，购房和生育、抚养小孩都要花很多钱，当收入在购房与育儿之间分配时，房价上涨压缩了生育及抚养小孩能够使用的资源，我们把这一效应称为“高房价约束”；其二，小孩生下来之后需要空间成长和玩耍，而房价上涨使得房屋面积变小，小孩数量也就随之降低，我们把这一效应简称为“住房面积约束”。易君健博士和易行健博士对香港的数据进行研究，发现房价指数平均上涨1%，总和生育率将显著下降0.45%[②]。丽萨·德特琳和梅丽莎·科尔尼2011年的研究表明，房价上升导致已经购房者的生育率上升，尚未购房者的生育率下降，原因在于尚未购房者的财富需要在买房子和生孩子之间分配，而已经购房者的房产增值可以帮助育儿。

---

① 虽然经济学中将住房归类为投资品，但对于要购买首套房的居民来说，无论是积攒房子的首付还是之后还银行的贷款，都是消费支出中的很大一部分。

② 易君健、易行健.《房价上涨与生育率的长期下降：基于香港的实证研究》、《经济学（季刊）》。2008年4月.第7卷第三期。

受上述研究启发，考虑到中国人住房不可缺少的传统观念，我国的城镇住房又一直较为紧张，且近10年来房地产价格上涨很快，对居民生活的各个方面都产生了重要的影响，本文探讨城市居民住房面积、价格与生育率之间是否存在关系。本文的主要发现是，人均住房面积大的城市生育率高，而房价高或房价收入比高的地区生育率低。这个发现印证了上文中“高房价约束”和“住房面积约束”的假设。国际上，实际利率低、人口密度大的国家的生育率倾向于更低。由于低利率倾向导致高房价，从而佐证了房价与生育率的负相关关系。而同时，人口密度大隐含了人均空间小、资源竞争激烈、生活压力大，与“住房面积约束”有异曲同工之效。

生育率与房价负相关

在数据分析中，总和生育率、人均住房面积和人均住房间数来自第六次全国人口普查数据；女性劳动参与率、女性受教育程度分别用15岁以上女性中经济活动人口占总人口的比率，女性大学专科、大学本科和研究生的人数占总人数的比率指代，数据均来自六普；服务业占比、房地产价格及居民收入数据来自2010年《中国统计年鉴》。由于生育率的影响机制是长期的，我们将平均房价收入比（2001—2010年的房价收入比）的均值也纳入解释变量的范畴。

研究结果包括以下几个方面：首先，人均住房面积、人均住房间数与生育率呈显著正相关，而我国30多个省、直辖市、自治区（不含西藏）的实际数据，也支持“住房面积约束”的假设。其背后的逻辑是，小孩子生下来需要房间，也需要空间来玩耍。倘若一个家庭住房面积狭小，则在边际上的生育意愿下降。

其次，商品房价格与生育率显著负相关，相关系数绝对值达到0.47，这与高房价约束的假设一致，也就是购房消耗了人们的财富，能够用来生育小孩的资源就少了，边际上的生育意愿也就下降了。

总和生育率和居民收入负相关，而居民收入和房价正相关，一个可能性是高收入抬高了房价，这样房价对生育率的影响只是反映了收入的影响。为了分解房价和收入的影响，我们采用房价收入比指标来进一步衡量住房价格对生育率的影响，这一指标可以比房价本身更加准确地衡量购房负担。各省的2010年的平均房价收入比为0.26，2001—2010年均值为0.24，也就是说面积为100平方米的住房大约需要一个人25年的收入。考虑到房价可能存在被低估的情况，房价收入比也可能低估了。

再次，房价收入比与总和生育率相关系数显著为负，绝对值达到0.52~0.63，比房价本身与生育率的相关性还要强。这一结果进一步支持了“高房价约束”的假设。如果每年需要花1/4的可支配收入去购买1平方米的住房，试问又有何资源去承担生育、照顾孩子的责任？

考虑到人均住房面积、人均住房间数、房地产价格、房价收入比（10 年均值）对总和生育率的显著影响，我们还将这几个变量协同常见的影响生育率的变量（女性劳动参与率、女性受教育程度、服务业占比）进行了回归分析。结果显示：

在常规的解释生育率的变量中，女性劳动参与率、女性受教育程度、服务业占比及人均收入均不显著，只有房价收入比显著地负向影响了生育率，清晰地说明了房价对生育率的影响。在没有加入房价收入比的回归分析中，人均住房面积、人均住房间数、房地产价格会变得显著，但是这些变量在加入了房价收入比以后变得不显著，更加凸显了房价对生育率的重要影响。

生育率与利率正相关

一个具有启发意义的观察，是低生育率的东亚国家或地区大都经历过较为严重的房地产泡沫，例如日本。“二战”以后，日本经济取得了举世瞩目的成就，1968 年成为世界第二大经济体。然而，日本经济上的成就伴随着人口结构的迅速变化。从 20 世纪 60 年代起，日本的总和生育率不仅一直小于 OECD 其他 23 个成员国的平均生育率，且比澳大利亚、法国、冰岛、爱尔兰、新西兰、土耳其、英国及美国都低。日本的人均收入并非远高于其他 OECD 国家，而女性的劳动参与率、社会地位与工资等常见的变量也无法完全解释这一现象。

仔细看日本生育率的变化，发现日本的生育率曾经也很高。在第二次世界大战结束后的1947年，日本的生育率高达4.5，但到了1950年就下降到3.7，到1960年就只有2.0了，其后稳步下降到1.4左右，这与日本房地产价格从1950年开始就快速上涨在时间上吻合。

鉴于我们无法获得各国可比的房地产价格，期待可以从真实利率上找到证据。[1]表17–1比较了日本和其他OECD成员国自20世纪60年代以来的实际利率，其中日本这一时期的实际利率都要远低于其他各成员国的均值。在1980年，有12个OECD国家的生育率略低于日本，但之后日本的生育率继续下降，而这些国家的生育率在近年来反弹。看这些国家的真实利率，我们还会发现之后的反弹时期的真实利率也要高于日本。

表17–1　20世纪60年代以来日本和主要OECD国家的总和生育率和实际利率

总和生育率			实际利率	
时间	日本	其他 OECD 国家	日本	其他 OECD 国家
1960年	2.00	3.09	NA	NA
1970年	2.14	2.60	2.28	2.69
1980年	1.75	1.98	–0.90	0.26
1990年	1.54	1.80	4.01	4.63

① 在前文中，作者已利用中、美、日三国的经验说明了低利率是房价快速上涨的重要原因。

（续表）

总和生育率			实际利率	
时间	日本	其他 OECD 国家	日本	其他 OECD 国家
2000 年	1.36	1.69	3.70	6.89
2010 年	1.39	1.78	3.01	3.70

数据来源于 WDI 数据库

上述证据最多具有启发性意义，我们用 2000 年的国际比较来进一步说明真实利率与总和生育率的关系。从 2000 年人均 GDP 超过 2 000 美元的国家的真实利率与总和生育率的数据显示，真实利率与总和生育率显著正相关，单变量解释力达 17.7%。本来利率和生育率是看起来毫不相关的两个变量，但二者如此显著的关系背后的一个逻辑可能是，真实利率越低，房价越高，生育率相应越低。

与此同时，我们用 2000 年的国际数据做了回归分析。我们发现，在控制了常见的影响生育率的变量之后，真实利率对生育率的影响一直是显著的，且有助于提高解释力达 5%，而人口密度也始终显著负向影响总和生育率，即人口密度大的国家生育率低。这一现象与“住房面积约束”有共通之处，人口密度大，人均空间就小，资源竞争激烈，生活压力大，从而生育意愿就相对较低。与已有研究一致的是，女性受教育程度的系数也显著为负。另外，服务业发展程度也与生育率显著负相关，这可能是因为在服务业发展较好的国家，女性（潜在）就业机会多，相对地位也较高，加之时间机会成本高，故而导致生育率下降。

小结

从经济资源占用的角度分析生育率的变化，基本的思路是当家庭把有限的经济资源分配到生产生活各项支出中时，其他支出的增加将导致用以生育和抚养小孩的资源减少，在边际上减少生育意愿。其中购房是一项主要的大额生活支出，房价的高涨可能导致生育率的显著下降。利用我国的分省数据和国际比较数据，我们找到了支持性证据。由于数据的局限性，本文的证据仅具有启发性，而非结论性意义，期望未来的研究可以提供更多的、更直接的、更有力的支持或者反对证据。

需要再次强调的是，房价对生育率的影响可能只是一个表象，是深层次的资源配置问题的集中体现。例如，低利率不仅导致高房价，导致人们的生活成本提高，而且还导致广大储户的利息收入损失，相当于是从储户部门，主要是居民部门向其他部门的巨大的转移支付。由于低利率减少居民的财富，也就减少了可以用来生育和抚养小孩的资源。确切地说，居民，特别是育龄人口，收入的下降和生活负担的加重，都会降低生育意愿。其中，医疗、教育和养老费用的提高，会增加当期或者未来的生活成本，降低生育意愿。此外，劳动力市场中存在的摩擦，比如户籍制度造成的实际上的就业机会不平等，都会降低生育意愿。亚洲人口学会会长金斗燮（Doo-Sub Kim），2009 年发表文章指出，1997 年亚洲金融危机导致韩国经济萧条，就业市场不景气，因此刚进入工作市场的年轻人由于工作和收入的压力推迟了结婚生育的年龄并减少了小孩的数目，这一原因部分解释了韩国过去十几年生育率的下降。

简而言之，居民的生育意愿，是资源配置与分配状况的综合体现。我国的低生育率，不仅是因为计划生育政策限制了生育数量，还是因为在总体的资源配置和收入分配状况下，很大比例的年轻人负担沉重，生育意愿下降——即使没有计划生育的限制，生育率也不会太高。在我国劳动力资源出现短缺迹象，人口老龄化在人均收入依然较低的情况下迅速逼近的背景下，极低的生育率将对未来的经济增长和社会综合发展的潜力造成严重威胁。

第五篇

房市问答

第十八章

房价、地价、地票价三问

2010 年 12 月 17 日，成都组织建设用地指标公开交易，共交易集体建设用地 30 宗，总面积为 2 000 亩，成交均价为每亩 72.5 万元，最高价为每亩 92 万元，最低价为每亩 46.5 万元。由于这是成都首场“地票”交易，成交价又远超各方预期，引发了热议，特别是在“地价推高房价”的担心下，讨论更加热烈。事后，国土资源部专项调查此事，并通知成都市暂停开展建设用地指标 市场交易，由此舆论更加关注此事。

地票交易，是成都城乡统筹改革实验中的新生事物。所谓地票，就是在土地用途管制、建设用地指标有限的背景下，通过村庄土地整理而产生的建设用地指标，因其不占原有的建设用地指标而受到用地单位的热捧。在通胀预期高企、房价地价走高和宏观调控紧缩的大背景下，地票拍卖的高价引起各方关注，对此，主管部门谨慎调查，是完全可以理解的。而且，对于这一改革中的新生事物，对于其背后的规律，各方也存在不同的理解，以及认识上的模糊与滞后。只有在仔细调查研究，澄清事实，厘清模糊认识的基础上，才能对情况做出准确判断，为下一步的工作做好准备。

认识这一新生事物，非朝夕之功。对于房价地价的争论，从来没有停止过，短期内也将不会停止。本文提出三个问题，抛砖引玉，供进一步地讨论与参考。为讨论方便计，我尽量把问题提得尖锐些，这样也许有利于把背后的逻辑理清楚。

第一个问题提给“地价推高房价”。对于每亩 72.5 万元的成交均价，舆论一片哗然。既然地票这一虚拟的指标的价格已经达到 72.5 万一亩，那么实实在在的土地要多少钱一亩？地上盖好的房子每平方米又要多少钱？第一次交易均价就已经达到每亩 72.5 万元，甚至最高价还达到了每亩 92 万元，以后会涨到什么程度？还让不让人买房子了？这样的疑问和担心，在房价高企、越调控越高、谁也不知道未来房价要涨到什么程度的背景下，当然有道理，也完全应该问。但是，我们的问题不能问到一半就戛然而止，而是要打破砂锅问到底，这样才有可能加深理解，把问题弄清楚。

我的问题是：既然是地价推高了房价，那么是什么推高了地价？

在现行体制下，政府是城市土地的唯一合法供给方，那么是不是政府推高了地价？倘若如此，政府是用什么杠杆推高地价的？我们没看到政府强迫别人买地，看到的只是开发商使劲地出价买地，那么是不是开发商推高了地价？倘若如此，开发商为什么要推高地价？他们是卖房子的，地价是房子成本的主要部分，难道成本不是越低越好吗？开发商难道不是应该“压低”地价吗？可是开发商又有什么本事压低地价呢？如果既不是政府又不是开发商推高了地价，那么到底是谁推高了地价，又是怎么推的呢？

要理解地价，看来还是要把需求一方引入。市场对房子的需求大，推高了房价；开发商高价拿地，是因为房价可以卖得更高，因而是房价推高了地价，而地价又推高了地票价，这一逻辑大概说得过去。但是我们的思维不能停于此，我们还要问为什么市场对房子的需求高。直接的回答是居住需求高，居民收入增加和城市化引发了大量的居住需求。这当然是经济增长大背景下的主要原因，但是并不是全部，因为居住需求除了买房子，还可以通过租房子来解决。可是我们看到的房子的租售比很高，而且越来越高，引发了很多关于房地产“泡沫”的担忧。在买房和租房之间的选择，取决于资金的收益率，也就是实际利率。在货币大量发行、通胀率高企、实际利率为负的背景下，房价高涨，租售比高就不奇怪了，因为房价是未来租金的贴现值，而贴现的因子取决于利率，利率低则房价高，租售比也就高了。

所以房价高，既有经济增长、收入增加的因素，也有短期利率为负引发的买房投资的因素。在逻辑上，不是地价推高了房价，而是需求，包括居住和投资的需求，拉高了房价，而房价又拉高了地价。所以要调控房价，就要调控需求。居住需求天经地义，看来只有调控“投资需求”，而投资需求又取决于实际利率，所以要调控房价，就要涉及货币政策，其他的办法可能无法触及根本。

第二个问题提给“‘地票价’推高地价”。这里问的是抽象的地票的价格与实物的土地价格的关系。地票是建设用地指标，是土地价格的一部分，我们第一反应认为地票的高价推高了土地的价格是可以理解的。但是，我们还是不能停留在第一反应，而是要继续发问：地票价格一定会推高土地价格吗？这里面的价格形成机制到底是什么？在做出判断之前，还是要把细节弄清楚。

回到需求拉动的逻辑。如果地价是房子价格决定的，而房子价格又是需求决定的，那么地票价格就不应该影响地价，除非地票价格影响市场对房子的需求。如果地票既不影响人们的居住需求，也不影响投资需求（实际利率和其他因素），那么地票价格就不应该影响地价。

进一步分析，我们还要问地票的价格和土地的价格到底是什么关系。为了方便理解，我们可以把土地的价格分解为地票的价格加上“别的部分的价格”，那么有没有可能地票的价格上涨了，“别的部分的价格”就下降了，进而土地的价格保持不变？这里面的关键，是“别的部分的价格”到底是什么？回过头来问，地票的价格又到底又是什么？成本定价的支持者小心了，土地是给定不变的，其供给成本很难从“生产成本”的角度理解。

从供求分析的角度，我们还可以进一步发问：地票的高价格，是否会引发土地供给的变化？倘若地票的高价格引发了各方参与农村土地整理，增加了地票的供给，那么在地票不占建设用地指标的背景下，是否会起到增加建设用地供应的作用？而且，地票拍卖收入反哺农村，是不是一举两得？

让我们再次打破砂锅问到底：倘若土地供给量增加，地价会不会下降？地价是拍卖形成的，所以要问出价的各方根据什么出价。假设开发商之间是竞争的关系，开发商要赚取一定的利润，要么地价应该等于房价减去建筑成本（包括三通一平和其他基础设施成本）和开发商利润，而开发商的利润由竞争的程度决定。所以地价最终取决于房价、住房供应各个环节的成本，以及开发商的利润。理解地价，还是要从这个角度入手。最终，地价是否下降，还要看房价怎么变。是房价的变化引致地价的变化，而不是相反。如果土地供给量增加了，那么会导致住房供给增加，进而房价下降了，地价也就可能下降。但是倘若房价依然上涨，地价就不会下降。

最后一个问题是我们现在应该怎么办？这个问题提给参与成都改革和讨论的各方。事关改革实践，关系到成千上万人的福祉，政策制定者当然要小心。哪一个环节没想到，就会出问题，这可不是书生写文章，说完了就算了。

成都的试验，是在有关部门的批准下进行的，完全有理有据且合法。地票的高成交价，反映了市场各方对成都改革实验的接受——没有各方的看好、认可和支持，就不会有这件事过程中踊跃的参与和出价。具体到细节，成都首场拍卖的高成交价，与一些细节的设计不无关系，特别是第一次明确了“非票莫入”的游戏规则。“非票莫入”规则的出发点，是所有参与城市开发的投资方都要参与城乡统筹，由市场交易机制保障农村和农民分享城市化的土地收益。这个出发点，站得住脚，也经得起推敲。

现在的情况是因为地票出现了各方没有预期到的高价格，所以成都的改革实验被暂停。这里面有两个问题。

首先，地票的高价是好事还是坏事？倘若地票的高价诱发了社会各方的广泛参与，促进土地的整理和城乡统筹，带动社会资本向农村流动，推动城市反哺农村，以及促进三农问题的解决和城市化的进行，这难道不是好事吗？这里面涉及的问题很多，谁也不知道下一步会怎么样，更不是一篇短文可以说清的事情。但是至少各方应该继续讨论，不能简单地认为地票拍出高价就一定是坏事，更不能因为认识上的模糊和错误而延误改革实验。

其次，改革遇到了新情况，应该怎么办？是应该仔细调查研究，发现问题、解决问题，为进一步的改革积累经验，还是因为怕出问题而叫停？叫停是暂时压住了问题，但不也是延误了改革的进程？如果出了点新情况就问谁负责，那么延误了改革时机谁负责？改革过程中，最容易的莫过于什么都不做。过去 30 多年的改革经验表明，改革从来都不是一帆风顺的，而是要不断发现和解决问题，摸着石头过河。怕问题，问题可能更多。更何况，成都出现的也许不是问题，而是机会。

第十九章

万科宫斗，投资客看什么？

2016年万科的股权之争，对于绝大多数基金和小散（户）而言，无异于阎王打架。看得见的剧情曲折离奇，看不见的剧情更加精彩，作为茶余饭后的谈资，那是极好的。至于这场股权与控制权的争夺，会不会改变（善）中国公司的治理结构，也不是我等小散该关心的。

站得远，不等于看不到重点。有时候，“横看成岭侧成峰”“只缘身在此山中”先是宝能、安邦，后是恒大，还有传说中的融创，都对万科的股权垂涎三尺。万科的股权为何这么有吸引力？坊间广为流传的说法一是万科的业绩好，二是万科的管理团队好。

万科的业绩有目共睹，但是管理团队到底有多大的吸引力？倘若是管理团队令人垂涎，宝能、华润这些大股东为何会与管理团队闹得这么僵？没听说哪个小伙子追求人家大姑娘，会先把关系搞僵的。“一个巴掌”定终身，既不如一支玫瑰定终身来得浪漫，也不如一栋房子定终身来得实在。看起来，人家看上的，未必是万科的团队，而是万科的资产。

问题换个问法，或者会清楚一点：在地产类的公司当中，万科的业绩是一枝独秀、把别人甩出几条街吗？倘若是鹤立鸡群，那是万科团队牛。现实的情况看起来也不尽是如此，其他一些大地产商，比如保利、远洋、招商、华润、恒大、碧桂园等，看起来也都很不错，大家平分秋色而已。万科的 ROE（净资产收益率）高达 18%，格力、保利的 ROE 也都超过 17%，差距并不很大。

显微镜下看细节，望远镜下看格局。据统计，至少有 54 家 A 股上市房企被险资重仓持有，如果包括碧桂园等在香港上市的房企，则超过了 60 家。看起来，在保险资金增加权益投资比重的大背景下，房地产企业广泛受到青睐，并不是万科一家独享殊荣。只不过，万科宫斗剧精彩纷呈，吸引了人们太多的注意力而已。

那么，险资为何如此青睐房地产类股票？我等散户，是否可以跟风投一点？

这样的问题问出来本身就需要一点勇气。你看，市场上几乎一边倒的声音，是中国房地产的“黄金时代”已经过去，城市房价已经过高，房地产泡沫严重。可是，作为长线资金的险资，为何青睐地产类股票呢？是这些声音错了？还是拿着真金白银的险资错了？

一般来说，把手笼在袖子里观看的人，比拿着钱下注的人，更加值得怀疑。很多房地产类企业的ROE很高，说明现阶段的利润还很不错。未来呢？根据大多数分析师的预期，每年12万平方米左右的销售，大约还能维持5年。5年以后呢？那么遥远的事情，不想也罢。

一眼看去，这是一个每年容量大约在15万亿元的市场。强者恒强的市场定律下，几家地产大鳄还会活得很舒服。这么大个蛋糕，切到1%，或者多切1%，就是1 500亿，这才是真正的蓝海。怪不得账户上数零的财主们，挥舞着支票簿往里冲。

2016年年初以来的房价快速上涨，也与房地产泡沫的说法不符。既然早就有泡沫了，为何价格还涨那么多？而且还涨得那么快？至少拿着钱买房的人，不认为已经泡沫了。

一种说法是货币超发推高房价。不能说完全没有道理。可是，货币超发为什么不推高股市？为什么只推高北上深的房价而不是推高三四线的房价？钱是聪明的，拿着钱投票的人不笨。要推，也会有选择地推。房价上去容易下来难，股价下来容易上去难。倘若说有泡沫，可能股市泡沫看起来更大。在股市里挣了钱的投资客，更有理由怀疑“房价泡沫”一说。

轻言泡沫的人，无非就是说在这个价位上买房子的人不理性。重要的话不怕重复：我更愿意相信拿钱下注的人。至少过去十多年的经验，是买房的都不后悔，没买的都在后悔。据说，很多家庭的太太们力主买房，结果家庭地位迅速上升。女权社会的到来，因此进一步加速。

格林斯潘曾经说过，在泡沫破灭之前我们并不知道。这句话估计很多人不是完全同意。但是至少有一点值得我们借鉴：我们对于自己不知道、不完全确定的东西，最好保持足够的敬畏。

很多人说房价高，无非是比自己认为合理的水平高。可是，什么是合理的水平？13.7亿人口的国家快速城市化，在人类历史上并无先例。完全没有经验事实的事情，严格地说我们无法辨别什么是合理。所谓的国际比较，是研究的起点，而不是终点。何况，国际比较也没有说我们的房价一定有泡沫。

大的背景，是中国的城镇化依然没有完成。我们现在的城镇化率，只有56%左右，离70%的基本完成的水平，还有相当的距离，离90%的高度城市化水平，还有很远的距离。在这个背景下，最好不要轻言房地产泡沫。实际上，这几年大城市租金水平快速上涨，远超通货膨胀的增速，说明房价上涨依然有实际需求的支撑。

在“负利率”“资产荒”的时代，其实有一个很简单的办法看房地产股票的合理性。万科、保利、金地、金融街几大地产商的分红率，都在4%左右。换句话说，买了这几种股票，坐享4%的分红率不算，还有股价上涨的不定期期权。一边拿着超过理财产品的收益率，一边坐等股票升值，何乐不为呢？

举几个例子，看看大地产商这几年的业绩。当红头牌万科，2015年销售额增长30%左右。恒大、碧桂园的销售额增速，分别为19%和33%。这些都是2015年的增速。再看分红。哪个行业都有高有低，我们看些高的。万科、保利、金地、金融街等，分红率在 4% 左右；恒大、富力等在香港上市的地产，分红率则在 8% 以上。

投资高手对 8% 的收益率不一定满意，对附加的期权也有疑虑，毕竟这是个双向的期权。要是稳赚不赔，也就不叫作股票了。可是，看着 8% 的分红，比照着 3%~4% 的理财产品收益率，低头想想这个“负利率”“资产荒”的年代，你可以理解为何这么多人觊觎高增长、高分红的万科股权了吧？

第二十章

关于买房的 13 个观点

中国的高房价，是投机炒作的结果？

这个问题不难回答。如果是炒起来的，过一阵子就会回落，像温州、鄂尔多斯等少数城市，它们的房价前一阵子就下跌很多。但从全国来看，即使是在经济形势不太好、政府严格调控的情况下，房价依然坚挺。这就说明，我国大中城市的房价上涨，是有坚实的基本面支撑的，不是投机炒作的结果。

中国房价飙升的根本原因是什么？

中国房价涨得这么凶，根源在于经济的迅速发展和城市化的快速推进。经济增长，会带动城市房价上涨，世界各地概莫能外。韩国、马来西亚、南非等国，都经历了这个过程。只是其他国家我们关注得少，轮到中国时，咱们的“切肤之痛”更加明显。

政府增加土地供应，就一定能抑制房价上涨？

你或许经常听说：政府应多卖地，增加土地供应，这样房价就不会疯涨了。但事实是，房价并没有随着供地的增加而回落。再看国外，纽约、巴黎的土地是私有的，交易不受限制，土地供应充裕，但城市中心的房价依旧还在上涨。这都说明，土地供应并不能真正决定房价。事实上，影响房价的关键因素是“位置”，土地可以增加供应，但位置却是独一无二的。

政府调控房价的真正目标是什么？

政府调控的不是房价的水平，而是房价过快的增速。随着我国经济的快速发展，城市的发展就像飞驰的列车。有人买房上了车，有人因为没有买房而被落下。这样发展下去，人们的财富差距势必急剧扩大，不利于社会的长治久安。所以，政府才出台调控政策。

中国房价还会继续上涨吗?

目前，我国的收入水平只有美国的 1/7，相当于日本上世纪 70 年代，或韩国 20 世纪 80 年代的水平。经济增长还在持续，城市化远没有完成，人口基数还很大，老龄化才刚刚开始，这一切都说明——房价上涨的空间还很大。

和股票、基金等金融工具相比，房产值得投资吗?

和买股票一样，买一个城市的房子，就相当于买了这个城市的“未来”。2003 年到 2017 年这 14 年里，房价涨了差不多 10 倍。如果你买股票的话，像上证指数、深圳指数、中小板指，它们的收益率算是表现出众的，大概也就在 5、6 倍的水平。所以，房产保值增值的属性是实至名归的。

哪些城市的房子最值得买?

判断一个城市的房产是否能保值增值，要看这个城市是否有发展潜力。具体可以从八个要素考虑：1. 城市规模（用 GDP 或人口总量衡量）；2. 人口流入；3. 人均收入；4. 土地供应；5. 儿童数量的增速；6. 上市公司的数量；7. 财政收入；8. 服务业占比。

自住房是当下买好，还是观望一阵、一步到位好？

买房要遵循的第一个原则——先上车原则。中国经济就像一列快速前进的列车，一个个大中城市就像一节节车厢，买房就相当于买票上车。不管是商务座，还是二等座，或者是站票，一定要先买票上车，才能不被列车抛下。所以买房自住，先保证能买一套，再去考虑大小、位置。很多人觉得买房住要一步到位，挑来挑去就被耽搁了。随着房价进一步上涨，人们只会越来越买不起，后悔不迭。

优先买郊区便宜的大房子，还是市区高价的小房子？

买房的第二个原则——稀缺原则。房子的价值，不在于房子本身，而在于它周边的稀缺资源，比如学院、医院、商圈、各种办事机构等。它们带来的便利性，才是房价升值的根本。相较而言，市中心的房子更有升值潜力。如果有选择的话，尽可能选择城市中心、附带各种稀缺资源的房子。实在买不起，也可以买地铁沿线的房子，交通上的便利性可以部分替代这些稀缺资源。

买房时怎么付款更划算？

牢记三个要点。1. 尽量少付首付，多用贷款。2. 不仅要多用贷款，而且贷款的期限要尽量延长。这两点都既能减轻你早期的支付压力，又能帮你对抗未来的通胀。3. 贷款时，尽量使用公积金。因为公积金贷款的利率低，可以减少你的月供。如果不用，它就只能躺在账上，变成纸面财富。

国外的房子真的很便宜吗？去国外投资房产划算吗？

普通家庭不要幻想去国外投资买房。相较于国内同等量级的城市，国外的房子并不便宜，而且投资的收益率并不高。在这个资金富裕的时代，国外资金也在到处找投资机会。如果国外房产收益很高的话，早就被专业机构、富豪们买走了，根本轮不到我们。当然，如果特别有钱，为了投资组合的分散而去国外投资买房，就要另当别论。

房子的产权只有 70 年，租一辈子房子比买房划算？

北京、上海等大城市的房子产权是 70 年，房价一般是年租价的 60 多倍，这给很多年轻人租一辈子房也很划算的感觉。但，这只是个错觉。大城市的租金上涨速度是惊人的，或许仅仅 30 年后，你依旧在租房，但付的租金总量就足以在当地买下一套房子了。相反，如果你当初贷款买了房，现在就拥有一套属于净资产的房子了。

目前实在买不起，怎么租房合适？

对于很多刚毕业，奋斗在一线城市的年轻人，我建议遵循“便利原则”：把房子租在交通便利的地方。这样就能更好地利用时间、节省精力、投资自己。长远来看，投资自己才是最好的投资。

第二十一章

短问快答，解开买房的共同疑惑

房价与收入

“得到”房地产专题课推出以后，短短几天收到上万条留言和提问。对于授课者而言，这是最激动的体验。这一周的课程收到的问题，比十几年的线下教学经历总和还要多。很多评论很精彩，很多问题很深刻，我无法一一回复，也无法全部放在这里。仅挑选一些有代表性的问题，简要回答于此。

北京现在的月平均工资是 1 万元，而纽约的月平均工资现在接近 3 万元，是北京的 3 倍，但纽约的房价是北京的 2 倍，这么算起来，是不是北京房价偏高呢？

简答：房价收入比是一个被严重误用的指标，误导了很多人。

在收入增长较快的阶段，合理的房价收入比就是比较高的（详细的分析可参见第六章）。简言之，房价收入比中的收入不应是平均收入，而是“头部”收入，而且要考虑未来的收入增长，不是今天的平均收入。算对了，现在的房价收入比一点也不高。纽约的房价收入比低于北京，是因为纽约的收入水平已经很高，而且收入增速比北京慢。

问：我个人理解的房地产泡沫应是指商品房价格和人民群众收入的悬殊差距。北京房价是纽约的 1/2，而收入约是对方的 1/7，这样算起来，对方的购买力就是我们的 3.5 倍。此外，我们的收入约是日本 1970 年的水平，以发达国家每年平均 4.3% 的通货膨胀率进行估算，日本 1990 年的购买力约是我们的 1/2。以上这些是不是可以说明我们的房价虽然是经济快速发展的产物，但在一定程度上的确有些偏离人民收入水平。同时，贫富分化也使得财富较为集中，投资也就相对为非平民化投资和居住投资。所以我感觉，对于老百姓来讲，房价的确是有些高得不正常了。

简答：泡沫这个词是有严格的定义的，指的不是价格和收入的差距，而是价格和资产内在价值的差距。因为内在价值难以准确判断，所以泡沫也很难判断。有一句话是这么讲的：泡沫破灭之前，我们是不知道的。

把泡沫定义为房价相对于收入太高，也不利于你做决策。因为房价高而认为有泡沫，让很多人错失了买房的良机。说了那么多年的泡沫，可是泡沫就是不破灭，还涨了很多倍，充分说明这不是泡沫。即便是泡沫，这个泡沫破灭之后的“沫”，可能比当初的泡泡还要大。本书第六章对此有详细的介绍。

问：目前我国的收入水平只有美国的 1/7，只相当于日本上世纪 70 年代的水平，或者韩国上世纪 80 年代的水平，那么我们现在的房价与当时日本和韩国的房价相比，哪个高呢？

简答：我们能回到 20 世纪七八十年代吗？历史是一面镜子，帮助我们照亮未来，不帮助我们回到过去。当今的财富水平比 20 世纪七八十年代高很多，利率水平比当时低很多，因此当今的资产价格水平要比那时候高很多。这一点，通过资产价格的历史趋势，以及世界资产价格的横向比较都很容易看清楚。

问：《平均者的终结》一书认为，讨论问题应该具体化，房地产不是一个大的概念，而且分成不同地方的房子。房子代表城市的未来，城市不同，房地产差距也会有很大的不同。就像无论国家怎么调整，人们的收入差距会越来越大一样，房价也不例外。

简答：《平均者的终结》提供了很好的看问题的角度，我们一定要考虑人们的差异。均等是一种我们追求的理想状态，而不是现实能够达到的状态。基于同样的理由，我在计算房价收入比的时候，使用的不是平均收入，而是对中高收入阶层的预期收入。

问：目前国内一线城市房价太贵，如果不是自己住，同样的钱拿到韩国、日本、越南等周边国家和地区的一线城市，能买到更大更好的房子，而且还不限购。从这个角度，我国与周边国家的人口流动及房价，是否存在一个动态平衡关系？

简答：跨境的人口流动有很多约束，因此相邻国家之间的房子，替代性不大。中国房价和韩国、日本、越南等国的房价，存在一定的关联，但关联并不紧密。目前越南房价的上涨，更多是越南经济起飞的结果，而不是中国房价上涨的结果。至于越南的房子有没有投资价值，取决于越南的经济前景。

至于韩国、日本的房产，投资过程中的交易摩擦很大，实际的投资收益率并不高，具体请参见本书中对首尔、东京房价的分析。

问：那些买房就可以移民的国家的房子，会比国内的房子更值得投资吗？虽然一些发达国家房产增值潜力不如国内，但是在可以购房移民的国家，可以享受该国的社会福利，这样的选择会不会比国内买房更好呢？

简答：通过买房享受国外社会福利的想法，可能并不容易实现。发达国家的福利，不会白白送给新来的移民。如果有这样的打算，建议先做全面的、准确的分析和计算。

问：欧美发达国家的房产投资收益比不上国内，这点我没有疑问。但对于正在快速上升的发展中国家呢？比如越南、柬埔寨，有不少观点认为这些国家正处于20世纪90年代中国房地产刚刚起飞的时期，收益会比国内高，您怎么看？

简答：主要的思路还是看这些国家的发展潜力，发展得好，城市房价就会涨。我自己的判断是，越南可能有机会。不过也要提醒你，高收益的同时也有高风险，作为养老投资，需要慎重考虑。

问：1000万或几百万人民币，在伦敦能买到地段不错的精装公寓，但在上海、北京的市中心地段，可能只能买到老旧的房子。可以说，除了高端住宅，北京、上海的中端住宅的价格，已经开始碾压伦敦。作为世界级城市，伦敦拥有很好质量的住房，为何涨速比北上广慢许多？是因为经济增长慢吗？

简答：最后一句很到位，此外还有很多因素。第一，两国处于不同发展阶段，在类似发展阶段，伦敦和纽约的房价，也曾高速上涨。第二，英国在人口总量、经济总量、国土面积方面和中国不在同一个数量级，很难直接比较。这也是为什么本书将纽约单列一章分析的原因。第三，伦敦等国际都市有房产税，这一点不能忽略。

问：现在全球房价均在上涨，非中国独有现象。美国房价已超过2008年危机前的房价，根本原因是否为发展中国家的经济大幅崛起，中产阶层数量急剧增加，全球财富巨量增加，导致钱不值钱，资产价值凸显？

简答：2012 年以来，全球很多国家的房价都涨了很多，连长期稳定的德国的房价也涨了很多。背后的驱动力，的确是来自全球财富的积累。

经济发展与房价

问：房地产发展与城市化紧密相关，根据你的观察，借鉴发达国家城市化进程，您认为，我们国家的持续城市化进程至少还有多少年？

简答：不发生大的意外，比如国际形势的大动荡，城市化继续推进 10 年没问题。世界变化越来越快，10 年之后的情况真不好判断，只能根据新信息不停地迭代、更新判断。不过从买房的角度来讲，10 年已经够了。买与不买，10 年后的财富差距已经拉开很大了。

问：既然投资房地产这么赚钱，那谁还会关心实体经济发展？我想国家抑制房价增长过快，也有这方面的考虑。

简答：实体经济的概念怎么界定？房子满足人们最重要的一个需求，也就是居住需求，怎么就不是实体经济了？制造业固然重要，可是重要的不仅是制造业。

问：您在分析房地产未来趋势时，提到房价上涨主要源于经济发展、城市化进程、人口红利。但《小岛经济学》认为房价的过快上涨，根源在于银行需要一个低风险的投资项目，人们的投机行为把本该投入到商业中的贷款，大量投入房地产市场，造成了房价的飙涨。两种观点看上去都有道理却截然相反，哪种更接近真相呢？

简答：《小岛经济学》中的这种观点只是看到了现象，没有看到现象背后的本质逻辑。银行之所以说房产是低风险投资项目，以及有那么多人愿意去投机房地产，本质的原因还是看多房地产，认为房地产较为安全，而且未来还有较大涨幅。所以，《小岛经济学》中的这种观点如果对，前提恰恰是房地产是优质资产。既然如此，买房就是理性的。

问：我们国家为什么不推出城市发展基金，让老百姓可以购买此类基金，从而分享城市化发展所带来的好处，而不是让老百姓紧盯在买房子上呢？

简答：城市发展的红利，是以居民收入增长、房价上涨、公司利润上涨、城市基础设施改善等多种形式返还给城市居民的。

城市的 GDP 由居民收入、公司营业盈余、税收等部分组成。你说的“城市发展基金”，大概指的是城市政府拿出一部分财政收入，分配给购买“城市发展基金”的投资者。目前新闻里讨论的“城市发展基金”，指的是城市发展投资基金，由地方政府发起，资金主要来自财政资金、银行信贷，投资特定城市建设项目。这种模式仅仅是“羊毛出在羊身上”，相当于政府提高税收，又把钱返还给纳税人。考虑到管理“城市发展基金”的过程中可能存在的成本、低效、腐败等，很可能是总体上得不偿失的。

问：有一种看法认为，人分为两种，一种是城里人，一种是乡下人。这种说法是不是忘了城中村里的人？

简答：推荐一本叫《落脚城市》的书。书里面提到，城中村是村里人进城的中转站。现实中，很多在城里打拼出来的人，当初都住过城中村。

问：您的观点里面没有技术的进步这个条件，例如有的公司借助互联网和移动互联网，已经实现了异地协同办公，大大节约了在大城市的时间成本和居住成本，也降低了公司的运营成本。未来远程工作、远程教育、远程医疗的发展，可能使人们不必都聚集到大城市，这种技术进步是否会大规模影响房价？

简答：技术进步可能使远程工作、远程教育、远程医疗更加方便，但在可以预见的未来，远程交流与面对面交流的效果还是有很大差距的，远程交流不能完全替代面对面交流。

而且，远程交流的活跃，很可能创造出更多的面对面交流的需求。例如，你跟一个人线上交流得多，线下交流频率也可能增加。再例如，互联网的发展使人们扩大了社交圈，你线下的社交圈也随之扩大。因此，这种技术进步也有可能加速人们向大城市聚集的趋势。

问：我老公是一个“科技控”，他说现在科技发展这么快，如果未来的社会形态会发生我们想都不敢想的改变，那房地产这些传统型的资产还能抵抗风险吗?

简答：科技改变生活，人类依然需要房子。现在还没有看到科技摧毁房产价值的逻辑。你不妨这样想，房子是人类自由的一种终极表现，只要人类需要自由，就需要房子。

问：从资本配置的角度来讲，是应该在一线城市买房的。不过有一种观点是，未来的使用权重于拥有权。以汽车行业为例，现在租车、打车很方便，没有必要人人都拥有自己的汽车。那么未来的房子是否也会符合使用权重于拥有权的规律呢？

简答：我们目前看到的情况是，大多数人还是愿意买车，少数时候会租车、打车。所以，“使用权重于拥有权”这个说法，还有待商榷。至于房子，除了使用，还有资产的属性，就更需要商榷了。至少目前，我们在全球范围内还没有看到由于“使用权重于拥有权”而不买房子的。有的人租房而不买房，可能是由于各种原因，比如资金不够，或者短期居住需求等。

问：如果人人都认识到买房比租房值，那么买房比租房的优势会不会就缩小到可以忽略不计？就好比指数基金在美国的市场收益就不如中国市场，民众普遍都能认识到应该投资低估的指数基金，所以指数的估值波动就会很小，收益也就不是那么高了。

简答：这个角度很有意思，但是稍微想一下，至少有四个原因使得这个推断不成立。第一，目前并不是人人都认为买房比租房好。第二，即便人人认为买房比租房好，还有很多人没法买，比如说资金不够。第三，即便不考虑资金问题，还有限购问题。第四，即便不考虑资金和限购问题，还有市场摩擦问题。你看大街上到处都是房产中介，说明买卖房子不容易，要付出很高的成本。所以房价和股价不一样，股价瞬时变动，房价摩擦很大。

人口结构与房价

问：人口结构中年轻人占比比较大的时候，购房需求旺盛，房价会上升。但是当一个社会进入老龄化社会之后，大家都想把房子卖掉，换钱养老。大家都卖房的话，房价就不会涨，只会跌了。中国的劳动力增长会在 2015—2025 年到达顶峰，之后人口增长就会无限期放缓，中国很有可能加速进入老龄化社会。中国经济当然还会增长，但会不会成为第一个跌入人口悬崖的新兴国家？到那时，我们应该把房子卖给谁？城镇化还没有结束，农民等着进城，农民工成为房地产接力赛的最后一棒，但那时他们还买的起城里人手上的房子吗？

简答：老龄化是影响未来中国社会经济的一个重要变量，对房价也有重要影响。但是，房子最重要的因素是位置，要区分哪个城市的房子、什么位置的房子。有潜力的城市的房子还是有潜力的，没潜力的城市的房子在老龄化背景下价值更低。详情请参见第六章关于人口结构的讨论。

问：很多人讲了买房投资的优势（过去十几年的事实也证明了这一点），但似乎没有提到独生子女一代的存在对此间房价走势的影响。众所周知，随着经济条件的改善，大多家庭都有房甚至有多套房。但独生子女的长辈一代去世后，随着房子的继承，就会出现房子的大量多余，形成规模时，势必会影响房价走势。这该如何去综合判断呢？

简答：独生子女和人口减少会影响房价，但是依然要区分哪里的房子。有潜力的城市，人口会聚集，房子不会多余；没潜力的城市，房子总是会多余，而且多余的速度会因此加快。所以，未来在哪里买房子更加重要。详情可参见第六章中关于人口结构的讨论。

问：人口总量会影响国家的经济增长。根据统计数据，中国2017年的人口出生率比2016年下降了0.52‰，只有12.43‰，比日本的出生率还低，人口自然增长率下降到了5.32‰的惊人水平。

从某种层面讲，中国过去30多年所创造的经济奇迹，可以理解为在体制上松了绑，辅以巨大的人口红利。所以人口总量因素需要作为重要权重来考虑。这是我个人认为的风险所在，当然科技进步，机械化水平提高，可以代替大量生产力，但我觉得仍是风险，您怎么看？

简答：改革开放以来，中国的出生率一直呈现下降趋势，但经济却获得了巨大的腾飞。人口老龄化从理论上来讲是经济增长的不利因素，但是从数据上来看并不能发现两者有明显的关系。与城市化和经济结构转型的巨大潜力相比，人口老龄化的影响并不在一个数量级。

同时还要提醒的是，决定房价的，最重要的还是位置。当我们谈房价，一定要谈是哪个城市的房价，什么位置的房价。好城市、好区位的房子，依然有潜力。

“货币超发”与房价

问：房地产商借钱拿地搞开发，买房的人贷款加杠杆买房子，看起来房地产的很多个环节都与贷款有关系。在这样的背景下，房价快速上升是否与央行货币超发有关系？

简答：中国有没有货币超发，是个值得商榷的问题。综合看各方面数据，中国货币超发的证据不足，第一章对此有详细的讨论。

至于房地产开发、销售各个环节都和贷款有关系，这本身说明银行业看好房地产。否则，银行不会给房地产商和买房者贷款。倘若完全没有银行的参与，岂不是回到了没有金融的时代？

问：通胀会促使人们寻求财产保值，加上中国有资本管制，人们只能选择买房，这是不是对房价上涨起了推波助澜的作用呢？

简答：在这个逻辑下，似乎很多人买房是被逼无奈的。其实，还是因为房子能保值，买别的保不了值，你才会买房。既然如此，为什么还要抱怨房子呢？现实中买了房的，都不后悔。希望更多的人能早点看到这种“推波助澜”不可阻挡，早点学会“随波逐流”。背后的潮流，还是整个经济增长和城市化的趋势。

问：关于“是不是货币超发导致房价上涨”这个问题我有几点疑问。第一，M2 在 2000 年左右就保持快速增长，虽然 2015 年开始从 13.3% 降到 2017 年的 8.2%，也还是远高于其他国家，不算超发吗？个人认为，这一波房价上涨很大程度是因为货币宽松、个人杠杆加大。第二，2000 年到 2016 年平均通胀率为 2.7%，低于世界平均的 3.8%，并不能说明货币没有超发。首先货币超发与否和通胀并不是完全正相关；其次，我们的通胀率的统计口径有待斟酌，应该没有包括房价等，不同的数据需要调整后进行比较。请老师予以解惑。

简答：近年来 M2 与房价同时快速增长，但是二者的因果关系并不好说，可以说是货币宽松带动了房价上涨，也可能是房地产的发展带动了货币需求和货币量的增长，不能把货币当作完全外生的变量。实际上，我们的系统研究表明，金融危机以来，房地产的变化领先于货币量的变化，说明房地产繁荣导致了货币量增加，而不是相反。至于通胀指标，统计局的通胀指标可能遗漏了租金和一些服务的价格，但是不会改变通胀率总体不高的判断。

问：您文中所用的一些数据或许有失偏颇，比如中国的通胀数据里主要是饮食和交通，还有一些消费品构成的一篮子，住房占比基本上很小，世界其他国家的通胀数据，住房占比比较大。此外，世界通胀数据把恶性通胀的国家也统计进去了，跟发达国家对比，我国的通胀水平还是偏高的。

简答：通胀统计是个复杂的问题，有多方面的考虑。第一，各国通胀统计都是只有租金，没有房价。第二，各国根据自己的一篮子统计自己的通胀，用一国的篮子套另一国也有失偏颇，不一定是改进。第三，用世界平均通胀比较是一个中性的比较，不偏发达国家或发展中国家。一定要选的话，中国应以发展中国家为比较对象，那么其他发展中国家的通胀水平更高。考虑到过去 20 年我国从中低收入国家快速发展为中高收入国家，和发达国家比通胀不太合适。第四，回到货币超发的问题本身，日本、美国的量化宽松，日本、欧洲的负利率，都是明显的高强货币刺激，我国的银行间利率显著高于欧美。因此从利率指标看，欧美日等国家和地区的货币超发力度，远超中国。

问：我还有几个疑惑：第一，中国在 2008 年经济危机时投放 4 万亿用来刺激经济是事实，中国的通胀在前几年给我们的感受尤其明显，实际上的通胀率是否比政府公布的要高得多？第二，我家在广东的一个三线城市，这里的小区大多没人住，都是被人出于投资目的买下的，如果真的出现危机，冲击会有多大？

简答：2008 年的通胀率是短期高点，但是过去十几年平均通胀率并不高。实际通胀率比统计通胀率高的说法一直存在，但是证据一直不足，可能的遗漏包括租金和一些服务的价格，但是不会改变通胀率总体不高的判断。关于城市潜力的问题，基本的要点，是比照城市的“八大要素”进行分析，可以详细参见第三章。

问：如果我失业了，无法按时还月供，银行要把我的房子收回，我就没有地方住了，这个问题如何解决？

简答：第一，这种可能性是存在的。第二，这种可能性对绝大多数人都存在。那么，你还买不买房呢？失业的可能性对谁都存在。万一失业，最直接的解决办法还是尽快找到下一份工作。

问：您建议买房时尽量减少首付，拉长贷款周期。如您举例说，100 万元在 10 年后按 4% 的通胀率能省三分之一，而现实的情况是你贷款 100 万元，30 年一共要还款 200 多万元，这么算来，是不是也存在对赌通胀率和利率？

简答：完整地讲，是权衡通胀率、贷款利率和机会投资收益率。只要指数基金长期持有的收益率高于贷款利率，就应该尽量使用贷款。因为这时省下来的钱可以买指数基金，获得超过你贷款利率的收益。抗通胀是额外的好处。

问：贷款利率一般是高于通胀率的，那么如果有现钱可以支付，又没有更好的投资方式，还应该贷款吗？

简答：如果你确实没有一点投资机会，的确应该还掉贷款，不过这种情况几乎永远不会出现。从历史数据看，指数基金的长期收益率，超过买房的贷款利率。

问：普通百姓买房的根本目的是改善生活，有没有可以参考的技巧，比如，买房的钱应该占家庭财富的多大比例？另外，是应该等自己攒够首付了再买房，还是找亲戚朋友先借够首付的钱立刻买？

简答：买房的钱占家庭财富的比例，跟你家庭财富的多少有很大关系。高净值家庭考虑的是分散资产，不要买太多的房子。低净值家庭考虑的是早上车，不要等到以后买不起房子时才想上车。房产作为众多资产中的一种，其价格的长期表现是稳健的。年轻人应尽己所能，找各种方式加杠杆，并且保留一个安全边界。扣除生活成本后，每月按揭还款额度小于家庭剩余月收入的70%~80%，其实是一个很好的选择，你可以倒推测算。

问：针对一线城市的房子，动不动就是五六百万，交了首付也还有几百万的贷款，对一个工薪族来说会有非常大的月供压力，有的甚至要动用信用卡透资，向第三平台借款。请问老师，面对这种情况，你建议用高杠杠的方式来买房吗？这种高杠杠带来的财富能维持吗？希望得到老师的解惑，谢谢！

简答：建议循序渐进，不建议太高杠杆。房子是一种投资，但投资自己和家人，是更重要的投资。

问：目前上海、北京远郊区的房价，大致和武汉、成都市中心的房价相当。请问，是一线城市远郊的房子更有价值，还是强二线城市市中心的房子更有价值呢？在资金有限的情况下，买房应更侧重于城市，还是更侧重于地段？我在一线城市有购房资格，但资金只够在远郊区买一套小房子。在老家省会市区买房和在一线城市的远郊区买房，哪个更保值呢？

简答：少数有很大发展潜力的二线城市，其核心地段的上升潜力大于一线城市的远郊区。

问：在二线城市，几乎每届领导上任都会发展一个新区。比如南京的河西区和天津的空港区，房价都不比市区低，甚至还要更高。但新区配套不算好，写字楼、住房建了很多，马路超级宽，也有一些政府职能部门搬过去，但在那边住的人还是很少。没通地铁，房价却直逼老的市中心，这样的情况下，是否商业炒作成分大于居民投资热情？

简答：城市新区需要区别对待，有的新区有潜力，但是很多新区不一定能发展起来。新区房价往往涨得很快，里面有看好未来发展潜力的成分，也有炒作的成分。

问：关于买房的稀缺原则，我有一个疑问：在过去两三年的房价上涨中，传统意义的"市中心"的房价涨幅不大，而一些"三环"的"新都心"房价涨幅明显。以青岛为例，市政府对面的五四广场是近20年的市中心，所属的区域是市南区，但在过去两年中，市南区可能是由于房子较旧、可开发用地极少，涨幅明显低于市北、崂山等区，甚至低于更远一些的郊区。但从资源上来讲，教育、医疗、行政的资源还是集中在"市中心"，商圈相对已经扩张到各区域，差别不是很大。那么，针对这种情况，是选择"市中心"，还是选择"新都心"？

简答：要回答这个问题，我们需要区分几个概念。首先要区分涨幅和价格水平。新中心房价涨幅高，但价格水平不一定高。其次要区分两三年涨幅和长远涨幅。涨价往往会跟风，两三年不是代表长远。再者，还是看新中心能否聚集稀缺资源，能的话，就是成功的中心区，加上建筑新、规划好等可能存在的因素，房价可能会很高，否则就是昙花一现，不排除房价回调。

问：大城市的核心地段目前已经很少有待售的商品房了，即便有也大多是老房子、小房子。同样的价格，城市边缘有很多新房、准新房，小区条件、居住面积都比市中心的好。这两种房子该如何取舍？

简答：房子最重要的是位置。一般来说，中国大城市的核心地段很难衰落。看过去 20 年大城市核心地段的房价涨得很厉害，以后旧城改造还有上涨空间。城市边缘的新房，一般小区条件好一点，但是不一定能发展起来。如果已经发展起来的、不太偏的区域，其实随着城市的扩大，已经变成核心区了。没发展起来的区域，就要区别看待。中小城市比较偏的城市边缘地带，不一定能发展起来，即使能发展起来，可能也是很久以后的事情。一般而言，同样的价位，即便小一点、破一点，只要周边资源好，还是城中心好一点。

问：我在南京市区有套房，是位置不错的学区房，最终还是决定卖掉，因为小区房龄已 20 年，电梯质量也不好，我担心时间越长，楼越旧，配套设施越差。请问如何看待好位置的老旧小区问题呢？

简答：这个问题需要分解为两方面：一是位置好，所以价值高，二是房子旧，所以需要维护，房子的价值需要扣除一个维护成本。这样看来，只要房子不是特别破，或者家里有老人但是楼里没有电梯，影响居住，还是老城区的房子价值高。

问： 您提到了一线城市的外延外扩，以北京为例，通州副中心、大兴新机场、雄安新区这些北京的外延外扩区域的房价增长幅度，是不是要好于核心城区呢？

简答： 就北京而言，压缩人口数量、限制人口流入的政策环境，给外延外扩区域提供了房价增长空间。想享受一线城市资源的人，或者工作与一线城市绑定的人，由于各种限制，不得不退而求其次，在外延外扩区域生活。这两年北京回龙观地区中小学的教育水平一下子拔高了，很重要的原因就是"码农们"集中在这里，他们的子女在这里上学。没有条件，就自己创造条件上。

但外延外扩区有一个有效通勤半径，房价增长幅度与中心城区的距离、交通便利程度高度相关。此外，其增长空间与一线城市增长空间始终是一个动态平衡过程。

问： 我们已经退休，现住北京五环边上，小区环境及住房条件都不错，附近有一个湿地公园，晨练、散步都很方便，但是离商业圈和大医院都很远。我们一直想换一套大医院附近的房子，但是以我们现有的住房进行置换，从环境到居住条件都谈不上改善。听了您的课，了解到改善住房还要考虑改善财务状况，即改善房的增值潜力要高于现住房。甘蔗没有两头甜，像我们这种情况应该顾哪头呢?

简答: 买房子没有十全十美，还是要根据自己的状况来权衡。财富上增值是一方面，居住舒适是另一方面，如果已经退休，没有学区压力，不一定要换。上学是天天的事，看病是偶尔的事，不一样的。

问: 我居住在成都，目前有一大一小两套房，也看好房子的投资潜力，想再凑钱买一套，但对地方财政收入与房产投资的因果关系不太了解，可否请您详细谈谈呢?另外，2017年新出的“租售同权”未来会对房产价格有多大影响?

简答: 八大要素是配合使用的，不是财政赤字就一定不能买。关于租售同权，请参见第八章中的详细解答，基本要点是租售同权不增加教育资源的供给，对平抑房价没有太大效果。

问: 请问，最近的大量棚改，对房价会有长期的影响吗?

简答: 房子的价值，还是看位置。棚改对房价的影响，也要看哪里的棚改。北京城中心的棚改和一个小县城的棚改，是完全不一样的概念。北京城的棚改房很难买得到，小县城的棚改房不一定有很大的投资价值。具体城市的投资潜力，请比照八大要素进行分析。

问: 对于海南这样的外地购房者占大比例的地区，八大因素还适用吗？还是需要再加入一些其他的因素？人口流入因素中，“候鸟”老人们应该算进去吗？这样的人口流入和通常情况是有区别的。大部分来购房的老人们每年顶多只来居住几个月，而且消费水平低，对经济的拉动比较弱，但是他们又是购房的主力军。

简答：八大要素是基本的分析要点，是适用于所有城市的分析的。在分析具体城市的时候，需要在此基础上加一点特殊区域的重要因素。比如三亚，夏天气候炎热，从4月到10月都比较热，不太宜居，同时，人口流入很多是老年人。这时不妨把人口流入打个折，因为这些人一年只有半年在那里。打了折扣之后，再看人口流入是多少。

气候宜人、旅游业发达是海南房产价值上涨的一个因素。但是，投资住房的首要考虑因素还是城市经济发展潜力。

问：中国大部分人都不在北上广深，很多中小城市的楼房空置率达到一半以上，但大城市的又买不起。那中小城市的房子，是该买还是该租呢？

简答：八大要素的分析方法同样适合中小城市。总体而言，中小城市的潜力比大城市小一点，但是也要看区域和当地的具体情况。详细分析请参见第六章中关于三四线城市买房的讨论。

问：大部分人为了能在一线城市买套房子，耗尽了父母一辈子的积蓄，这导致了三四线城市的资金都向一线城市聚集。一线城市聚集资金的能力越来越强，三四线城市吸收资金的能力越来越弱，这不就导致贫富差距越来越大吗？但一线城市的人口和土地建设用地也会趋于饱和，在这种情况下，一线城市的资金会不会主动流向三四线城市？那时三四线城市的房产是不是就值得投资了？

简答：资金向一线城市聚集的原因，本质上还是人口向一线聚集，需求向一线城市集中。在同样的供给下，需求越来越大，资产价格一定是越推越高的。比如能在纽约第五大道拥有房产的人，都是巨富或者继承了大量遗产，贫富差距增大是必然的。

在多个国家的案例中，一线城市房价和租房成本越来越高后，人们会考虑到周边交通距离近的区域生活（很多仍在一线核心城区工作，只是生活区转移），形成所谓的首都圈、一线城市圈。回流三四线城市是小概率事件。

商铺、写字楼、小产权、商住房等

问：在四川成都和省内的其他城市，商铺价格是住宅的很多倍，而在上海，住宅却和商铺差不多的价格，这是为什么呢？投资房产还是商铺，应该怎样选择呢？

简答：一线城市的住宅用地价格高于商铺用地，二三线城市的商铺用地价格高于住宅用地，这是一个普遍的现象。究其原因，是因为人们对商铺的支付能力取决于生产经营净利润，而住宅用地主要取决于居民的收入水平和住宅附带的公共资源。一线城市的居民收入要比二三线城市高出太多，学区房的价值也高出很多。至于投资哪个，还是要看收益率。计算比较二者的收益率，扣除必要的成本，包括空置成本、出租时候的交易成本，然后看哪个更高。

问：这几年商铺的出租率不是特别高，尤其在一些小城市，您对于投资商铺有什么建议吗？

简答：商铺投资的问题比较多，其实，商铺投资的原则和住宅基本一致，仍然是“地段、地段、地段”。但比较复杂的是，第一，好地段商铺更稀缺；第二，商铺投资的成本较高（商水商电费用高，长期下来不是小数目）；第三，商铺的税比较高。如果在好城市投资好地段的商铺，收益率会比住宅高，但是问题就是这种资源更难找。小城市仍然要对比城市选择原则，如果一个日渐荒芜的城市，拥有过多固定资产未见得是好事。

问：请问您对在限购城市投资写字楼有什么看法？

简答：和住宅不一样的是，写字楼没有附加的教育、医疗等资源属性。写字楼作为投资品，未来增长空间可以从租金涨幅空间来估计。不妨看看限购城市写字楼的地段，租用需求强不强，年化收益率是多少。

问：目前深圳核心地段的房价已经很高，房屋租售比较低，租不抵供，如果买商品住宅，自己要补贴大部分月供。这意味着房产投资必须考虑自己的现金流的持续稳定。有朋友提出，如果购买小产权房，总价便宜、租售比合理，投资后期就是净收益了，但需长期持有才有意义。但是我又担心小产权房一旦遇到拆迁，法律不予保护，或者转手增值不高。对于小产权房，您怎么看，商住两用房、小产权公寓的前景如何?

简答：小产权房、商住房可以满足居住需求，缺失的是诸如学区房这样的配套资源。二者的价值差异也在于此。我的判断是，短期内学区房制度很难变，小产权房、公寓房和商品房的价值差异，还会持续下去。

问：小产权房属于共有产权房吗?我们这边有的农村拆迁还建房屋，但是属于村里统一安排的，农民没有房产证，但是有居住权。这种情况房子是属于小产权房，还是也属于共有产权房呢?

简答：小产权房指的是集体建设用地上修建的房屋，但这块用地没有经过征地程序，也没有转变为国有土地。在我国目前的法律规定下，这样的房子没有合法的城市土地使用权，也没有城市房屋所有权，上市交易也存在困难。

因此，小产权房和共有产权房还是有区别的，最主要的区别就在于是否拥有产权，即土地使用权和房屋所有权。小产权房没有合法的土地使用权和房屋所有权的，没有不动产证，无法上市交易。共有产权房是有产权的，只是产权人不止一人，个人与政府共同拥有房屋产权。

问：作为房子的配套设施，车位有投资价值吗？二手房与一手房的投资有什么区别吗？

简答：从数据来看，很多一二线城市的车位在过去5年的涨幅高于房价，说明车位是值得投资的。从供需角度分析，好地段、稀缺性强的车位，是有价值的。未来增值空间的大小，就是看稀缺性有多大。

除了税费、贷款、维修成本上的区别，一手房和二手房本质上没有太大的区别。有些人不喜欢二手房是一些心理原因，比如不喜欢住旧房子，这个可能得慢慢调整。在最近政府限价、开发商捂盘的情况下，很多人摇不到号，买不到一手房，只有转战二手房市场，导致存在二手房价格高于一手房的情况。

房产税

问：房产是实名制登记，征税成本高是否体现在无法核实家庭真实拥有的房产数量？在大数据普遍应用的今天，这个问题依然很难解决吗？对非自住房征收房产税是抑制投机炒房的有效手段，如果因为征税成本高就暂缓，是不是意味着征税主要考虑的是财政收入而非经济引导和社会公平？

简答：技术成本只是一方面，社会稳定成本也很重要。比如老职工的房子就在那里，但是他现金收入少，征税就存在很多困难。

问：有些人有住房，但现金收入不高，所以征税成本较高。那么，政府为什么不出台只针对多套房的房产税，例如对在规定住房面积内的一套住房家庭免税；对二套房超出面积的部分正常征税；对三套房按惩罚性税率征税，比如每年15%；超过3套的税率更高。很多人有几十套房子，如果征收“阶梯式”房产税，贫富差距也不会这么大。而且每套房在房管中心都有销售备案，还有房产证，如果全国住房系统联网，那么每个人有多少套住房一目了然，所以征收房产税的难度并没有那么大。

简答：这种累进的、阶梯式的房产税，国内已经开始讨论，在国际上也有经验可循。未来出台的政策，很有可能会把这些都考虑进去，这些政策起到的效果，是使得有多套住宅的家庭减持住房，这对增加房屋供给有一定作用。

房屋信息登记在技术上不存在问题，但在操作中有些问题。我国2014年发布的《国家新型城镇化规划（2014—2020年）》提出，要“健全城镇住房制度”，建立以土地为基础的不动产统一登记制度，在2020年之前实现全国住房信息联网。但是，全国住房信息联网的工作进展并不顺利。此前，时任财政部财科所所长的贾康曾经公开表示，房产信息联网技术不是主要问题，而是因为有些部门和地方顾及相关利益，存在故意控制的举动。

问：您认为房产税在短时间内不会出台，出台后税负不会太高，对房产影响不大。那么，既然房产税调控房价的效果不好，国家为什么要出台房产税呢？房价是根据市场需求、供给决定的，国家为什么要管呢？

简答：城市是现代经济的载体，房价是城市潜力的重要体现，住房是居民财富的最重要组成部分。在发达国家，房产税是最重要的税种之一。因此，从大方向上看，房产税是要推出的。我认为房产税出台会比较慢、实际税率会比较低，是基于现实征税成本的考虑。

关于政府为什么要推出房产税，其实并不仅仅是为了调控房价，而是整个税制改革的一部分。房产税是抑制房价的一个因素，它和其他因素一起，比如城市收入水平、发展潜力等，一起影响房价。

至于国家为什么要调控房价这个问题，真的不好回答。因为你假想了一个脱离政府而存在的市场，这样的市场在现实中是不存在的。政府与市场的关系向来复杂，可以肯定的是，政府是市场的重要组成部分，不是对立的，更不是平行的。供给、需求，都是在一定的市场环境，包括政策环境中生成的。具体到房地产调控，这是个政策管制很多的行业，从规划到供地，从建筑到销售，从税收到杂费，政府本来就是这个市场里最大的玩家、参与者和获益者，怎么能又怎么会不管呢？

问：房产税和房地产税是两个完全不同的税种，我国已经实行不动产统一登记了，对于房屋所有权和土地使用权征收的税种应是房地产税，而房产税仅仅是对房屋征收的税种，两者不能混淆。因为网络甚至报纸上的很多内容都将房产税与房地产税混淆讨论，误导公众，您在前文中也将这两个概念混为一谈了。

简答：感谢你的认真仔细。文中使用的房产税和房地产税都是泛指，因为目前并没有出台具体的法律和政策，也没有标准的说法，因此只是用来指代对房产征收的税。2003 年出台的政策用的是物业税的概念。未来出台的税法，也可能会使用不动产税的概念。在我国土地公有、商品房所有者已经交过一次土地出让金的背景下，对“地”征税在法理上也有争论。不同的叫法，背后的实质都是对房产征税。叫房产税还是房地产税，还是留给语意专家和法律专家去争论，我理论上愿意作为泛指的词语使用。

问：如果按照房子的比例征收房产税的话，那么在大城市租房，房产税会不会全都由租房子的人出？

简答：大城市供需弹性都小，征房产税的话，最后落在租客头上的可能性要多一点。

房地产调控

问：关于共有产权，有几个小问题望您解答。第一，国家对这部分用地的性质是划拨，还是土地出让？第二，如果是土地出让，所谓的国家部分的产权，是由国有房屋开发公司来经营，还是政府自己持有？如果是划拨的土地，那么这部分土地就没有收取出让金，那怎么说国家的利益没有被损害呢？第三，共有产权是把一次性的土地出让收入变成多次兑现的住房转让收入，但多次转让收入也只是对非政府部分的产权进行转让，怎么会说是政府财政上没有吃亏呢？

简答：共有产权用地性质是土地出让。政府在出让土地之初，就在土地价格上做出一定让步，保留一部分产权。开发商再以较低的价格配售给符合条件的家庭。一次性的土地出让金少了点，但是保留了部分产权，未来可以转变成现金。倘若房价继续上涨，则得到的实际收入还会上升。

问：目前个别城市推出的开发商70年自持住宅用地，也许才是“租售同权”政策的真正未来，这样的房产对中低收入家庭显然是一个利好。但是从开发商的角度，高昂的底价、大规模的前期开发投入，回款周期却长达70年，作为房地产从业人员，我反而不看好这种房产的未来。另外，目前火爆的长租公寓模式，是否也可以作为“租售同权”的又一个实验田呢？长租公寓的房产大多为非住宅项目，目前政策连基本的“住宅”用途都无法保证，更不要说“同权”了。因此，我个人感觉丰富租赁产品的业态形式，并给予相关的配套政策支持，是否才是“租售同权”的出路？否则，现有的租赁模式都很难将这一政策真正落地。

简答：你的分析很有道理。最终，租赁的运营成本有多高、商业模式是否可行，都是问题。目前看，销售商品房是一个成功的商业模式，过去十几年对住房供给做了贡献。目前为了调控房价而实验的其他模式，都需要时间来检验。比如你提到的还款周期这个问题，给开发商带来很大压力，再加上产权政策的不配套，可能意味着租赁方式的可行性、可持续性还有待探讨，有待观察。

问：租售同权，用一个比喻来说就是：目前只有一口井的水可以喝，而且只有买得起大桶的富人才能来取水，但是政策放开了，不一定非要拥有大桶，租富人的大桶取水也可以，那么以前只有20个人可以取水，现在能够取水的多了80个人。但桶和水就只有这么多，竞争肯定越来越激烈，最终导致井里的水越来越稀缺，富人的桶越来越值钱。在租售同权这个问题上，对应的可能就是上学和以前一样紧张，而房租却贵了好几倍，房价也肯定会被推高。

简答：这个比喻很形象。水就这么多，来的人越多，水越紧张。

问：在经济增长、城市化、人口红利这三个维度之外，政府调控的力度这么大，会不会导致房价下跌？

简答：你把政策调控作为经济增长、城市化、人口红利之外的第四个维度，这点很有意思。但问题是，调控十几年了，房价一直是涨的，说明调控的效果有限，不是影响房价趋势的基础性力量。实际上，我们的调控对象并不是房价水平，而是房价增速。

我的观点从来没有因为调控与否改变过。调控影响短期的波动，不影响长期的趋势。倘若我的观点因为调控而改变，说明我的观点根本不稳健，会随着政策而波动。如果我的观点朝令夕改、反复无常，相信对你的决策不会有帮助。

换一个说法，也许表达得更清楚。分析房价，是一定要把调控以及调控政策的变化事先考虑进去的。调控又不是新鲜事，是常态，而且有规律可循，预测房价不可能不考虑调控。

问：现在深圳、广州、北京都在联合各大银行搞集体土地租赁房，这个政策一旦实施，房子会不会就不值钱了？您能不能对集体土地租赁房做一些分析？

简答：集体土地租赁是一种新打法，具体效果有待观察。观察的时候，有一些要点需要注意。第一，集体土地租赁房，也要同时附带基础设施的建设，否则会对城市基础设施形成压力。此时的基础设施如何筹资，也需要考虑。第二，集体土地租赁房增加了对居住需求的供给，对平抑租金可能有一定的作用。第三，集体土地租赁房没有增加教育资源的供给，因此对于平抑学区房价格的作用可能有限。第四，集体土地租赁房的运营成本比较高，能否持续、会不会滋生腐败，还有待观察。

问：中国房子的产权一般定为70年，那么70年之后呢？假如我看中了某地区的老平房或老楼房，按70年算，可能只有20年甚至10年，这会对房价有多大影响？产权到期后会如何？

简答：因为还没有先例，暂时只能是理论上的推测。我的推测是交一定量、不太多的钱，房屋的产权就可以续期。收钱多少，取决于平稳过渡和财政之间的平衡。收钱太多，阻力过大，不利于平稳过渡；收钱太少，又会形成财政上的压力。

问：您怎么看中央出台的“三权分置”政策？这是否意味着农民的红利时代要到来了？

简答：三权分置是农村土地改革的政策方向，执行得好，可以推动土地流转和人口流动。未来的大机会在城市，特别是大城市，我一直建议农村青年尽快进城。土地流转带来的收入看得见，但是比较有限。进城的收入高很多，不要为了芝麻丢了西瓜。

问：如果这么多经济学家都认识到聚集效应和人口是无法限制的，为什么要出台人口限制的政策？

简答：这个问题，我认为有关部门的回答会比我全面、权威。

从研究的角度，要看到各种考虑和诉求，官员、百姓、本地人、外地人、规划人员、城市管理人员，不同的人，各自立场、观点、角度都不同。

问：政府为什么不直接干预二手房市场？例如，购房后 6~10 年不得流出市场，如果流出，只能按当时购入价出售？或者规定二手房市场每年增幅不得超过一定比例。这样的话，是否买房的要么是刚需，要么是希望将房产当作长期投资品，而不是能获取暴利的投机品？

简答：干预二手市场在实际操作中有很多困难。比如，如何监控卖家和买家之间的交易金额？政府出台限价政策，买卖双方都是个人，两个人就可以谎报价格，私下以现金方式完成交易。而且以行政手段强力限价，后果就是市场中二手房供给不足，这可能带来两个后果：一是会出现黑市交易，二是需要买房的人无处可买。

致　谢

本书在写作过程中，得到了很多人的帮助。这不是一句客套话，因为没有这些人的帮助，这本书根本不可能完成。

这本书的大部分内容，延续了我对经济发展、城市化、经济周期的理解，并不构成智力上的挑战，更多是信息的梳理和寻找有效的表达方式。因此，诸多同学的卓有成效的助研工作，就尤为重要。部分同学参与了草稿的写作，包括潘莉、陈靖、李惠璇、李岩、朱菲菲，几位同学的助研工作加速了这本书的成文。此外，还要特别感谢陈子浩、曹裕静、陳戴西、王佳雯的卓有成效的帮助。

最后，要感谢我的太太唐涯。太太怀孕期间，被医生要求卧床保胎。为了减少太太的工作压力，我分担一些太太的“得到”专栏的工作。2018 年春节期间，我帮助太太在“得到”平台代课，讲授房地产和金融知识。本书的成文，得益于这次授课，第一篇的内容，改编自这次授课的内容。得到的同事，筱颖、双宏、陆音、志忠，对这部分内容提出了很多建议，在此一并致谢。

这本书的基本思路和部分内容，来源于之前对于城市化和农村土地制度改革的研究，这些研究受到教育部重大项目《城乡一体化发展与土地管理制度改革研究》（项目号为 13JZD008）的支持，在此一并致谢。

徐远

2018 年 4 月 28 日